国家文物局 编

海上絲綢之路

文物出版社

宋元时期海上丝绸之路示意图

目录

序 言

　　自古以来，由于山水相隔，各大文明、各民族、国家间的交流、交往与交融，需要克服无数的艰关险阻，付出今人难以想象的巨大代价。然而，"日月所照，梯山航海"，一代又一代的先驱，凿空开辟，为文化交流开通孔道，为贸易往来通邮置驿，世界因此而丰富多彩，文明因此而绵延进步，人民因此而相互了解。

　　作为在一个相对封闭的地理单元中发生发展起来的中华文明，在守望自己家园的同时，从未忘记关注这同一颗星球上的其他文明伙伴。远自秦汉，我们不仅开拓了陆上丝绸之路，也和各国人民一道，开辟了海上丝绸之路。当然，更早的文化交流物证也在被不断地发现。在漫长的历史进程中，丝绸之路沿线各国、各族人民，为促进文化传播、文明进步，加强贸易往来，都各自做出了不朽的贡献。正是有了这样的交流，古代中国不仅引进了众多的域外物质文化、精神文化元素，也将中国精美的丝绸、瓷器、茶叶、技术，远播东亚、东南亚、南亚、西亚以至欧洲与非洲。"海纳百川，有容乃大"，多元共生、包容共进，是文化得以传播、文明得以进步的基石。

　　今天，地理已经不再是交流的阻隔，由于科技的日新月异，处在"地球村"时代的世界各国人民，可以通过电波和网络随时随地进行交流。求和平、谋发展，促合作、图共赢，符合亚洲和世界各国人民的共同利益，是当前世界发展的时代潮流。2013 年 10 月 3 日，习近平总书记在印度尼西亚国会发表重要演讲，提出了共同建设 21 世纪"海上丝绸之路"的战略构想。目的是通过各国在各领域务实合作，互通有无、优势互补，共享机遇、共迎挑战，实现共同发展、共同繁荣。为实现这一战略构想，坚持讲信修睦、不断巩固政治和战略互信，坚持合作共赢、实现共同发展、扩大各领域交流，坚持守望相助、倡导综合安全、共同安全、合作安全的新理念，坚持开放包容，实现相互学习、相互借鉴、相互促进，这些都是我们在新的世纪里必须思考的一系列新课题。

　　因此，由国家文物局、北京市、福建省人民政府共同举办的《直挂云帆济沧海——海上丝绸之路特展》，具有特别深远的现实意义。该展汇集了沿海地区九个省（自治区、直辖市）51 家博物馆的数百件文物珍品，是近年来海上丝绸之路方面展品数量、种类最为丰富，内容最为全面的一个专题展览。展览以时间为主线，回顾了古代东南沿海先民认识大海、不断探索未知领域、开拓海上丝绸之路的艰辛历程，进一步探索了古代东西方贸易和文化交流的深刻意义。丝绸之路自古就是东西方文明的对话之路，鉴往可以知来，抚今则须追昔，海上丝绸之路的开辟与发展，在各个历史时期都留下了丰富的物质文化证据，我们有责任，也有义务，将这些历史的遗响传达给今天，将前人的智慧传播给后人，从历史的长河中汲取我们生生不息的发展源泉。

　　"文明如水，润物无声"，把跨越时空、超越国度、富有永恒魅力、具有当代价值的文化精神弘扬起来，是我们责无旁贷的使命。

国家文物局局长　励小捷
2014 年 6 月

前 言
Preface

　　中华民族伟大的航海足迹，渊源悠久。早在新石器时代，东南沿海的先民们就使用简单的航海工具，以坚韧的意志和开阔的胸襟不断探索未知领域，开辟着最早的海上航路。汉武帝拓展八方交流，在徐闻、合浦等地发舶远洋、通使互贸，也使中国作为东方大国的魅力更彰显于世界舞台。历经两晋隋唐的发展，至宋元时期海外贸易达到鼎盛，广州、泉州、明州等国际性大港见证着当时帆樯鳞集的盛景。明初，郑和下西洋创造了帆船时代航海的空前壮举。此后，随着风起云涌的时代变迁，东西方文明不断交流与碰撞，中华民族开创的古代海上丝绸之路渐入尾声，新的全球化贸易体系开始形成并预示着新的机遇与挑战。

　　海上丝绸之路是古代东西方通过海路，以商贸为依托，承载文化、艺术交流的和平之路。它以其深远的意义、广博的内涵，对世界文明的进程产生了巨大推动和影响。近年来水下考古不断探索，则为我们还原了海上丝路的千年风貌。本次展览荟萃重要海丝遗存，不但折射出中国历代的流光风韵，再现波澜壮阔、横跨万里的航海图景，也在今天全球化视野下，进一步探索了古代东西方贸易和文化交流的深刻内涵。

China has a long and glorious seafaring history. As early as the Neolithic Age, people on the southeast coast, with great resolution and high explorative spirit, opened up the earliest voyaging route into the unknown remote ocean with simple seafaring vessels. Emperor Wu of Western Han Dynasty greatly expanded the maritime network, dispatching ships from ports such as Xuwen and Hepu to voyage far into the ocean for diplomacy and trade, making China one of the greatest powers in the world. After the development of Jin, Sui and Tang dynasties, maritime trade flourished during the Song and Yuan dynasties, when Guangzhou, Quanzhou and Mingzhou witnessed spectacular gatherings of sailing ships as major international ports. In the early Ming dynasty, Zheng He"s voyages created the most spectacular records in the seafaring history of sailing ships. After that, with the vicissitudes of the times and the continuous interactions between the Eastern and Western civilizations, the Maritime Silk Road initiated by the Chinese gradually came to an end. A new global trade system started together with new opportunities and challenges.

Maritime Silk Road was a peaceful route across the East and West seas for cultural and artistic exchanges through trade. With its profound implication and enormous contents, it had tremendous impacts on the progress of world civilization. Recent discoveries of underwater archaeology allow us to reconstruct the pictures of ancient maritime silk road. This exhibition brings together the most important maritime silk road collections, not only reflecting the ancient images of Chinese history, but also representing the splendid ancient Chinese long distance voyaging. It explores the profound implications of ancient trade and cultural exchange between the East and the West from today"s global perspective.

　　中国与世界其他文明间的交流，很早便点燃跨越传递的火炬，而陆路和海路交通是其间最重要的渠道。1877 年普鲁士学者李希霍芬将陆路称为"丝绸之路"，与此相对应，又出现了"海上丝绸之路"的名称。目前，海上丝绸之路已成为庞大的学术概念，涵盖海外交通、航海科技、宗教、民俗、中外陶瓷、城市发展、区域经济等众多课题。古老的海路绵延东亚、东南亚、南亚、西亚至非洲东部，越两大洋经红海进入欧洲，串连起沿途星罗棋布的港口。来自中国、印度、阿拉伯、埃及、罗马、希腊等民族的古代商人都曾通过转运或直航，致力于海上商道的开拓。由于航路上往来着陶瓷、丝绸、茶叶、香料等诸多商品，又被称为"陶瓷之路"、"香料之路"、"茶叶之路"、"白银之路"等。

　　丝绸是中国最早、最主要的外销商品之一。考古发掘证实，中国多地早在距今五千多年前的新石器时代，已开始利用蚕丝。丝绸通过陆路及海路外传，方式包括使者赏赐及商旅贩运。中国丝绸曾风靡古罗马帝国，成为上层贵族最为之炫耀的奢侈品。

　　香料是中国从海外进口的最大宗商品之一。中国熏香历史渊源久远，秦汉时期，随着海陆交通的拓展，更多来自海外的名贵香料进入了宫廷。至宋代，香文化臻为鼎盛，泉州后渚港沉船中未经脱水的异域香料重达 4700 斤。"香料之路"见证着中外互通有无的历史交往。

　　瓷器是使中国享誉世界的伟大创造，也是唐宋以后最主要的外销商品。瓷器的釉色、造型、纹饰等于平凡中融入中国传统的审美意趣和人文内涵，又受到外来因素的影响。中国的制瓷技术传播到海外，推动了日本、朝鲜、中东、欧洲等地模仿并创烧自己风格的陶瓷器。

　　在长达千年的海上贸易过程中，凭借中国不断进步的航海技术，琳琅满目的商品，在古老航路上川流不息，凝聚着中华民族的创造智慧和深远文化，为古代世界文明的发展做出了巨大贡献，其影响力至今仍在。

The communicative torch was lighted up and passed on between the Chinese civilization and the other civilizations in the early time, and it is of particular importance for the land and maritime transportation to work as the channels in the enhancement of various communications. In 1877, the Silk Road was presented to describe the silk road by land as a terminology by the Prussian scholar, Fendinand Von Richithofen, correspondingly, the Maritime Silk Road was derived from the Silk Road. As an extensive academic concept, it includes numerous subjects, such as overseas traffic, navigation technology, religions, folk culture, Sino-foreign ceramics, urban development, regional economy, etc. The ancient seafaring route covered the East Asia, the Southeast Asia, the South Asia, the West Asia and the East Africa. It crossed over two oceans to the Europe by the way of the Red Sea, and linked many a ports along the way. The ancient merchants from China, India, Arabia, Rome, Egypt, and Greece were committed to opening up much more maritime commercial routes through the transshipment and the direct shipment. The Maritime Silk Road was titled with the Porcelain Road, the Spice Road, the Tea Road, the Silver Road, etc.

Silk fabric was one of the main and the earliest exported products in the ancient China. According to archaeological data, it is indicated that our ancestors in the Neolithic Age were worked with silks around 5,000 years ago, and the silk fabric spread gradually through giving gifts to others in the diplomatic way and trading both geographically and socially. Chinese silk fabric was extremely popular as the most luxury item to show off among the aristocracy in the Roman Empire.

The spice and aromatic wood were one of the biggest imported commodities in the ancient time. It is known that the Chinese incense burning culture has a long history. During the Qin and Han dynasty, much more precious products were brought to the Chinese royal court by the favorable land and marine transportation. In Song dynasty, the incense burning culture was at its peak, it is recorded that there were 4.7 tons imported aromatic wood without dehydration in the sink ship located in the Houzhu Port, Quanzhou city. Therefore, the Spice Road witnessed the wide communication and exchange between China and the rest of the world as well.

Chinese porcelain was the brilliant creation that remained the envy of the world in Chinese long history, and it became the major export products after Tang and Song dynasty. Porcelain"s glaze, pattern and decorative design were not only combined with the Chinese traditional aesthetic interest and humane connotation but also changed greatly on the impact of external culture. Chinese porcelain making technology widely spread abroad and effectively pushed forward Japan, Korea, Middle East, Europe and other regions to imitate and even create their owe style.

On the base of continuous improvement on seafaring technology and dazzling products, China enjoyed the splendid benefits with its profound national wisdom and enormous cultural contents in the process of a thousand years of maritime trade and commence, and it had tremendous impacts on the progress of world civilization.

海上丝绸之路源于我国广大沿海地区历经数千年面向海洋的不断探索。古老先民们逐步认识泅渡和航海的规律，为早期航路的开辟和延伸打下了基础。秦汉之际，中央政府越来越重视海洋疆土的管理。汉武帝通使"凿空"西域、又发舶于南海，初步形成通过陆上及海上丝绸之路与国际交流的宏伟构架。

Maritime Silk Road originated from the continuous explorations of sea over thousands of years by the coastal people in China. Prehistoric people"s trial and understanding of seafaring skills laid the foundation of early voyaging. During the Qin dynasty and Han dynasties, the central government strengthened the management of maritime territories. The Western Han Emperor Wu in the first time sent envoys to "Western World" and dispatched ships to "Southern Ocean", establishing a great international exchange network through both land and ocean.

艰涉鲸波　探索远洋

【远古—秦汉三国时期】

Section I.
Riding the Great Waves and Exploring the Open Sea

(Prehistory-Qin dynasty, Han dynasty, and Three Kingdoms period)

有段石锛
Stepped stone adze

新石器时代（距今 6300 — 4500 年）
长 14 厘米、宽 4.3 厘米、厚 3.4 厘米
山东泰安大汶口遗址出土
山东博物馆收藏

Neolithic Era (6300 — 4500 years ago)
Length 14 cm, Width 4.3 cm, Thickness 3.4 cm
Unearthed in the Dawenkou Site in Tai"an, Shandong
Shandong Museum

双肩石铲
Stone shovel

新石器时代
通高 29.3 厘米、肩宽 15 厘米、厚 1 厘米
定安县岭口镇蹲虎岭出土
海南省博物馆收藏

Neolithic era
Full height 29.3cm, Width 15cm, Thickness 1cm
Unearthed in the Dunhu Mount, Lingkou Village, Anding County
Hainan Museum

双肩石铲
Stone shovel

新石器时代
通高 26.3 厘米、肩宽 15.5 厘米
海南省博物馆收藏

Neolithic era
Full height 26.3cm, Width 15.5cm
Hainan Museum

有段石锛 是我国东部沿海广大区域内最具特色的生产工具之一，包括河姆渡遗址在内的浙江、福建、广东、山东等地多处遗址中都曾大量出土，可运用于舟楫的制造和生产。此外在中国台湾、海南岛、菲律宾、北婆罗洲及太平洋的波利尼西亚众多岛屿，如夏威夷、马克萨斯等地都有发现。这也成为探讨早期人类跨越大洋进行迁移的最重要实物证据之一。

有段石锛
Stepped stone adze

新石器时代
长 7.8 厘米、刃宽 4.1 厘米
广东省博物馆收藏

Neolithic Era
Length 7.8 cm, Width of blade 4.1 cm
Guangdong Museum

蚝蛎啄
Oyster pick

新石器时代
长 31 厘米、宽 11 厘米
广东省博物馆收藏

Neolithic Era
Length 31 cm, Width 11 cm
Guangdong Museum

陶甗
Pottery yan (steamer)

商代（公元前 17 — 前 11 世纪）
残高 26 厘米、腹径 23 厘米
蓬莱海域出水
烟台市博物馆收藏

Shang dynasty (BC 17th — BC 11th century)
Height 26 cm, Diameter of belly 23 cm
Retrieved in the Penglai waters
Yantai Museum

从春秋战国开始，见诸史籍的海上活动愈发丰富。
海路已经成为沟通我国南北及周边地区的重要通
道。秦始皇巡狩东海、汉武帝开拓南方海路，都
是中央政府在现实生活中越来越重视海洋疆土的
表现。

铜钺
Bronze battle-axe

战国（公元前 476 — 前 221 年）
长 10.3 厘米、刃宽 12.1 厘米、柄宽 4.0 厘米、厚 1.9 厘米
鄞县云龙镇出土
宁波博物馆收藏
斧形，中空，单面刃。其一面通体阴刻，边框线内上方是两条相向的龙，
前肢弯曲，尾向内卷。下部边框底线表示轻舟，内坐四人，头戴羽冠，
双手奋力划船。另一面素面无纹。整器较有光泽。

Warring States Period (BC 476 - BC 221)
Length 10.3cm, Width of blade 12.1cm, Width of hilt 4.0cm, Thickness 1.9 cm
Unearthed inYunlong, Yin County
Ningbo Museum

"广陵王玺"金印

Guanglingwangxi, gold seal for King of Guangling

东汉（公元 25 — 公元 220 年）
边长 2.3 厘米、厚 0.9 厘米、通高 2.1 厘米、重 123 克
南京博物院收藏

金质，正方形，上置龟纽，通高 2.1 厘米，重 123 克。阴刻篆文"广陵王玺"四字，字迹工整，丰润秀丽，字体刀法遒劲老练，为汉印中极为罕见的珍品。该王玺为东汉初广陵王刘荆的佩印。刘荆，系东汉光武帝刘秀第九子，在建武十五年（公元 39 年），被封为山阳公，十七年进爵为山阳王，后因获罪被徙封为广陵王。1784 年 2 月 23 日，日本福冈东郊志贺岛农民甚兵卫在修整水田沟渠时发现一枚方形金印，上缀蛇纽，印面阴刻篆文"汉委奴国王"。"委"通"倭"，"委奴"即倭国一个叫"奴"的地方政权。当年该国使节可能横渡朝鲜海峡，抵达汉朝在朝鲜半岛直辖的乐浪郡（今朝鲜平壤），再抵达洛阳，向东汉王朝进贡，并得到紫绶金印的赏赐。广陵王玺在尺寸、重量、花纹、雕法和字体上与其如出一辙，二者甚至可能出自同一工匠之手。"广陵王玺"的发现因而也成为中日两国交往的最早实物证据。

Eastern Han dynasty (AD 25 — AD 220)
Side length 2.3 cm, Thickness 0.9 cm, Height 2.1 cm, Weight 123 g
Nanjing Museum

"朱庐执刲" 金印
Zhu Lu Zhi Kui, gold seal

西汉（公元前 206 — 公元 8 年）
边长 2.4 厘米、高 1.9 厘米、印纽高 1.1 厘米
乐东黎族自治县志仲镇潭培村出土
海南省博物馆收藏
印体呈正方形，篆体阴文银质。印纽兽头鱼身，形态生动。印文铸有"朱庐执刲" 4 个阴文篆体汉字，笔画圆劲流畅，篆法严谨凝重。史载元帝初元三年（公元前 46 年）罢珠厓郡，置朱庐县，隶合浦郡。经考证，该印系西汉朱庐县执刑律的官员所执印章。这枚官印充分说明了西汉中央政权对海南的管理与统治。

Western Han dynasty（BC 206　—　AD 8）
Length 2.4cm, Height 1.9cm, Seal knob height 1.1cm
Unearthed at Tanpei Village, Zhizhong Town, Ledong Li Autonomous County
Hainan Museum

丝绸 汉代使用提花织机，能织出锦、绮、文罗等。染色工艺也日益精湛，还出现包括十字绣、影刺绣、平绣、锁绣等多种绣法。汉代中央政府设置专门的蚕业管理机构。丝绸连同养蚕、缫丝、织绸等技术开始通过海路逐渐传到今天朝鲜半岛、越南、泰国、马来西亚、缅甸、印度和斯里兰卡等地区。

玛瑙环系带
Agate lacing

战国（公元前 475 — 前 221 年）
总长 21 厘米、最宽处 13.6 厘米
山东博物馆收藏

Warring States Period (BC 475 — BC 221)
Length 21cm, Width 13.6cm
Shandong Museum

金耳坠
Gold eardrops

战国（公元前 475 — 前 221 年）
通高约 7.1 厘米
临淄商王墓地战国墓出土
淄博市博物馆收藏

Warring States period (BC 475 — BC 221)
Height approx. 7.1 cm
Unearthed in a tomb of the Warring States Period at the
Cemetery of King of Shang in Linzi
Zibo Museum

内衬绢底皮履
Leather shoe with silk lining

战国（公元前 475 — 前 221 年）
长 21 厘米、最宽处 7.5 厘米、最高处 4.5 厘米
山东博物馆收藏

Warring States Period（BC 475 — BC 221）
Length 21cm, Width 7.5cm, Height 4.5 cm
Shandong Museum

内衬毛底皮履
Leather shoe with downy lining

战国（公元前 475 — 前 221 年）
长 21 厘米、最宽处 8 厘米、最高处 4.9 厘米
山东博物馆收藏

Warring States Period（BC 475 — BC 221）
Height 4.9 cm, Length 21cm, Width 8cm
Shandong Museum

红色绢地刺绣残片

**Red embroidery remnants with tough silk
substrate**

战国（公元前 475 — 前 221 年）
长 52 厘米、宽 13.6 厘米
山东博物馆收藏

Warring States Period（BC 475 — BC221）
Length 52cm, Width 13.6cm
Shandong Museum

裂瓣纹银盘
Silver plate with garlic bulb design

西汉（公元前 206 — 公元 8 年）
口径 38 厘米、底径 22.4 厘米、高 6.4 厘米
江苏盱眙大云山江都王陵出土
南京博物院收藏

Western Han dynasty（BC 206 — AD 8）
Diameter of opening 38cm, Diameter of bottom 22.4cm,
Height 6.4cm
Unearthed from the Jiangdu royal mausoleum in Dayun
Mountain, Xuyi, Jiangsu
Nanjing Museum

蒜头纹银盒
Silver case with garlic bulb design

西汉（公元前 206 — 公元 8 年）
通高 12.1 厘米、口径 13 厘米、腹径 14.8 厘米、圈足高 1.8 厘米
西汉南越王墓出土
西汉南越王博物馆收藏
盖身相合呈扁球形。盖面隆圆，盖的外周为对向交错的蒜头形凸纹。
腹部自口沿以下亦有同样的凸纹。

Western Han dynasty（BC206 — AD8）
Height12.1 cm, Diameter of opening 13cm,Diameter of belly 14.8cm, Height
of ring foot 1.8cm
Unearthed from the Western Han Mausoleum of the Nanyue King
Museum of the Western Han Dynasty Mausoleum of the Nanyue King

银豆
Silver Dou, dishware or ritual object

汉代（公元前 206 — 公元 220 年）
高 11 厘米、足径 6.2 厘米
临淄区辛店街道窝托村南出土
齐国历史博物馆收藏
银质，平底下接铜制高圈足，盖顶有三个铜制兽形纽。器身及盖面均
捶揲出两圈尖瓣形凸泡，尖端相对，交错排列。该器出土于西汉齐王
刘肥之墓，无论造型及纹饰都体现西亚地区风格，底座可能为汉代工
匠后加装，从而成为豆型器物。

Han dynasty (BC 206 — AD 220)
Height 11cm, Diameter of foot 6.2cm
Unearthed from the south of Wotuo village, Xindian community, Linzi District
between November 1978 and November 1980
Qi History Museum
   This object is made of silver but with a bronze high-ring-base. Three animal-
shape bronze knobs are on the lid. Bulges are in staggered arrangement by
thumping. It was unearthed from the tomb of Liufei who was ever the King of
Qi in the Western Han dynasty. Not only the shape but the pattern are all in a
West Asian style. The base must had been connected to the body later by some
craftsman in Han dynasty to let it become a Dou finally.

裂瓣纹银盒
Silver case with garlic bulb design

西汉（公元前 206 — 公元 8 年）
通高 12.1 厘米
江苏盱眙大云山江都王陵出土
南京博物院收藏

Western Han dynasty (BC 206 — AD 8)
Height 12.1cm
Unearthed from the Jiangdu royal mausoleum in Dayun
Mountain, Xuyi, Jiangsu province
Nanjing Museum

鎏金铜犀牛、驯犀俑
Gilded bronze rhinoceros and rhinoceros trainer figurine

西汉（公元前 206 — 公元 8 年）
长 19.8 厘米、高 9.8 厘米
江苏盱眙大云山江都王陵出土
南京博物院收藏

Western Han dynasty（BC 206 — AD 8）
Length 19.8cm Height 9.8cm
Unearthed from the Jiangdu royal mausoleum in Dayun Mountain,
Xuyi, Jiangsu
Nanjing Museum

鎏金铜象、驯象俑
Gilded bronze elephant and elephant trainer figurine

西汉（公元前 206 — 公元 8 年）
长 30.5 厘米、高 20 厘米
江苏盱眙大云山江都王陵出土
南京博物院收藏

Western Han dynasty（BC 206 — AD 8）
Length 30.5cm Height 20cm
Unearthed from the Jiangdu royal mausoleum in Dayun Mountain, Xuyi,
Jiangsu
Nanjing Museum

中国熏香历史渊源久远，早在西周，宫廷便设有专门的官员，负责熏香去秽、驱灭蚊虫。秦汉时期，随着海陆交通的拓展及延伸，包括檀香、龙脑等更多来自海外的名贵香料进入了宫廷。汉代大量熏炉的出现映射出那个时代香染的风韵，而博山炉的出现不但与新的香料品种有关，其造型还寄托着人们对于海上神山——蓬莱等的美好想象。

鎏金熏炉
Gilded censer

西汉（公元前 206 — 公元 8 年）
通高 15 厘米、口径 9 厘米、腹径 11.8 厘米、足径 6.8 厘米
齐王墓五号陪葬坑出土
淄博市博物馆收藏
弧形盖，顶饰一环组，周围透雕盘龙两条，首尾衔接，龙身蜷曲盘绕。子母口，曲腹，腹部微凸起一周带纹，饰一对辅首衔环。柄形座，中部略凸，底呈现圈足状。底部刻"左重三斤三两"、底座外缘部刻"今二斤十二两"。

Western Han dynasty (BC 206 — AD 8)
Height 15cm, Diameter of opening 9 cm, Diameter of belly 11.8cm, Diameter of base 6.8cm
Unearthed in the fifth funeral pit near the King of Qi"s tomb
Zibo Musetm

铜熏炉

Bronze censer

汉代（公元前 206 — 公元 220 年）
高 29 厘米、口径 9.5 厘米、底盘直径 23.8 厘米
山东博物馆收藏

炉体呈半球形，上有镂空的山形盖，盖上有一凤纽。下有一圆柱和底盘
相连，盘内盘踞一条蛟龙，圆柱中部有四片向四周伸展的叶片。整个熏
炉制作颇为细致精美。

Han dynasty (BC 206 — AD 220)
Height 29 cm, Diameter of opening 9.5 cm, Diameter of tray 23.8 cm
Shandong Museum

陶熏炉
Pottery censer

西汉（公元前 206 — 公元 8 年）
通高 13 厘米、口径 10.3 厘米
广州横枝岗出土
广州博物馆收藏

Western Han Dynasty（BC 206 — AD 8）
Height 13 cm, Diameter of opening 10.3 cm
Unearthed in Hengzhigang, Guangzhou in 1956
Guangzhou Museum

铜熏炉
Bronze censer

汉代（公元前 206 — 公元 220 年）
炉径 6.2 厘米、托盘口径 13.4 厘米、通高 11.5 厘米
风门岭 M26 出土
合浦县博物馆收藏

Han dynasty（BC 206 — AD 220）
Diameter of Censer 6.2cm, Diameter of tray 13.4cm,
Height 11.5cm
Unearthed in Tomb No.26 in Fengmenling
Hepu Museum

铜熏炉
Bronze censer

西汉（公元前 206 — 公元 8 年）
通高 16.1 厘米、底宽 8.8 厘米、盖宽 10.8 厘米，总
重 1060.5 克
西汉南越王墓出土
西汉南越王博物馆收藏

Western Han Dynasty（BC 206 — AD 8）
Height16.1cm，Width of base 8.8cm，Width of cover
10.8cm, Weight1060.5g
Unearthed in the Western Han Mausoleum of the Nanyue
King
Museum of the Western Han Dynasty Mausoleum of the
Nanyue King

伞形罩陶熏炉
Pottery censer with umbrella-shaped cover

西汉（公元前 206 — 公元 8 年）
通高 14 厘米、口径 9 厘米、底径 7.2 厘米
贵县粮食仓库 15 号墓出土
广西壮族自治区博物馆收藏

Western Han dynasty（BC 206 — AD 8）
Height14 cm, Diameter of opening9 cm , Diameter of base 7.2cm
Unearthed in Tomb No.15 at the grain depot of Gui County
The Museum of Guangxi Zhuang Autonomous Region

青瓷镂孔罐
Celadon jar with openwork design

东汉（公元 25 — 公元 220 年）
高 15.9 厘米、口径 15.9 厘米、腹径 24.9 厘米、底径
13.7 厘米
上虞市出土
上虞博物馆收藏

Eastern Han dynasty (AD 25 — AD 220)
Height 15.9 cm, Diameter of opening 15.9 cm, Diameter
of belly 24.9 cm, Diameter of base 13.7 cm
Unearthed in Shangyu
Shangyu Museum

秦末汉初，地处南方的南越国和闽越国延续了这一地区古老民族优秀的航海传统，利用丰富的海洋资源滋养生息。众多的出土文物表明，这里的人们在当时已经与东南亚、南亚及西亚等地建立了联系。

铜钺
Bronze battle-axe

汉代（公元前 206 — 公元 220 年）
长 8.2 厘米、宽 6.1 厘米
广东徐闻出土
广东省博物馆收藏

Han dynasty (BC 206 — AD 220)
Length 8.2 cm, Width 6.1 cm
Unearthed in Xuwen, Guangdong
Guangdong Museum

战国青铜斧
Bronze axe

战国（公元前 475 — 公元前 221 年）
长 6.7 厘米、刃宽 4.1 厘米
广东广宁铜鼓岗 M21 出土
广东省博物馆收藏

Warring States Period(BC475 — BC221)
Length 6.7cm, Width of blade 4.1 cm
Unearthed in M21 at Tonggugang in Guangning, Guangzhou
Guangdong Museum

铜刀
Bronze knife

汉代（公元前 206 — 公元 220 年）
长 11.2 厘米
广东徐闻出土
广东省博物馆收藏

Han dynasty (BC 206 — AD 220)
Length 11.2 cm
Unearthed in Xuwen, Guangdong
Guangdong Museum

"九真府"铭陶提筒

Pottery pail with the inscription Jiuzhen fu

西汉（公元前 206 — 公元 8 年）
通高 32 厘米、口径 21 厘米
合浦县望牛岭 1 号墓出土
广西壮族自治区博物馆收藏

器身呈圆筒形。子口合盖，盖上置双片纽，器身两侧有耳。盖面饰四
周弦纹及锥刺纹，腹部饰两周凹弦纹。平底，内凹圈足，足间有对称
的穿孔。器内壁有朱书隶体"九真府"三字。汉代九真郡在今越南清
化省，墓主可能是曾任九真郡的郡守或其亲属。

Western Han dynasty（BC206 — AD8）
Height 32cm, Diameter of opening 21 cm
Unearthed in Tomb No.1 in Wangniuling, Hepu
The Museum of Guangxi Zhuang Autonomous Region

"阮"铭金饼
Cake -liked gold with the inscription Ruan

西汉（公元前 206 — 公元 8 年）
径 6.5 厘米，重 247 克
合浦县望牛岭 1 号墓出土
广西壮族自治区博物馆收藏
为海外贸易大额货币。圆形、正面凹陷平滑，背面隆起，粗糙面刻一"阮"字。在"阮"字上方又细刻"位"字。

Western Han dynasty（BC 206 — AD 8）
Diameter 6.5 cm, Weight 247 g
Unearthed from Tomb No. 1 in Wangniuling, Hepu
The Museum of Guangxi Zhuang Autonomous Region

"大"铭金饼
Cake -liked gold with the inscription Da

西汉（公元前 206—公元 8 年）
径 6.3 厘米，重 249 克
合浦县望牛岭 1 号墓出土
广西壮族自治区博物馆收藏
圆形，正面凹陷，背面隆起、粗糙，面刻一"大"字，在"大"字下方又细刻"太史"二字。

Western Han dynasty（BC 206 - AD 8）
Diameter 6.3 cm, Weight 249 g
Unearthed in Tomb No. 1 in Wangniuling, Hepu
The Museum of Guangxi Zhuang Autonomous Region

广州秦造船工场遗址，1975 年在中山四路发现，至 2004 年经过四次局部发掘，确知有三座平行排列造船台，长逾百米，南侧为一大片造船木料工场地。这是我国目前发现年代最早、规模最大、保存较好的造船遗址。广州作为南海海上丝绸之路的发祥地，早在秦汉时期，其海上贸易已初具规模。广州秦代造船遗址及众多两汉陶船的发现，证明广州早在秦代便能制造载重 25 — 30 吨的大木船，汉代的广州更是掌握了领先世界的造船技术，为广州海外交通贸易及文化交流打下了坚实的基础。

秦半两钱
Qin banliang coins

秦（前 221- 前 206 年）
广州秦代造船工场遗址出土
广州博物馆收藏

Qin dynasty (BC 221 - BC 207)
Unearthed from the site of a Qin dynasty shipyard
in Guangzhou
Guangzhou Museum

铁钉残件
Remnants of iron nails

秦（前 221- 前 206 年）
广州秦代造船工场遗址出土
广州博物馆收藏

Qin dynasty (BC 221 - BC 207)
Unearthed from the site of a Qin dynasty shipyard
in Guangzhou
Guangzhou Museum

铜箭簇
Bronze arrowheads

秦（前 221- 前 206 年）
广州秦代造船工场遗址出土
广州博物馆收藏

Qin dynasty (BC 221 - BC 207)
Unearthed from the site of a Qin dynasty
shipyard in Guangzhou
Guangzhou Museum

木尖残件
Wooden fragments

秦（前 221- 前 206 年）
广州秦代造船工场遗址出土
广州博物馆收藏

Qin dynasty (BC 221 - BC 207)
Unearthed from the site of a Qin dynasty shipyard in
Guangzhou
Guangzhou Museum

青釉筒瓦
Green-glazed imbrex

南越国（约公元前 203 — 公元前 111 年）
残长 34.6 厘米、残宽 16.5 厘米
南越王宫博物馆收藏
这是我国目前发现年代最早的带釉瓦，可防雨渗漏，是建筑技术的一大进步。釉中钠钾含量较高，与南亚地区的钠钾玻璃釉极为接近，表明南越国从海外获得原料或配方，并将之成功应用于砖瓦上。

Nanyue Kingdom（about BC 203 — BC 111）
Length of the remnant 34.6cm, Width of the remnant 16.5cm
Nanyue Palace Museum
This imbrex is the earliest glaze tile which could be found in China up to present. It had a distinctive improvement in architecture technology for its waterproof. Its high sodium and potassium content that is similar to those soda-lime glass in South Asia demonstrate that the Nanyue Kingdom had ever imported this kind of ingredient from overseas for tile making successfully.

八棱石栏杆
Octagonal stone balustrade

南越国（约公元前 203 — 公元前 111 年）
残高 28 厘米，底长 14 厘米，底宽 13 厘米，榫周长 33 厘米，榫径残长 22.5 厘米。重 6.4 千克。
南越王宫博物馆收藏
南越国宫苑遗址出土大量石质建筑构件，形制有别于传统风格，却与西方的石构建筑有惊人相似，可能是受海外文化影响的结果。

Nanyue Kingdom（about BC 203 — BC 111）
Height of the remnant 28cm, Length of base 14cm, Width of base 13cm
Girth of tenon 33cm, Diameter of remnant tenon 22.5cm, Weight 6.4kg
Nanyue Palace Museum
A large number of stone architecture component had been unearthed from the Nanyue Palace ruins. They are obviously different from Chinese traditional style but holding striking resemblance to the West that probably influenced by the foreign cultures.

翔鹭纹铜鼓
Bronze drum with heron design

西汉（公元前 206 — 公元 8 年）
高 36.8 厘米、面径 56.4 厘米、足径 67.4 厘米
贵县罗泊湾 1 号墓出土
广西壮族自治区博物馆收藏

Western Han Dynasty（BC 206 — AD 8）
Height36.8cm, Diameter56.4cm , Diameter of base 67.4cm
Unearthed from Tomb No.1 in Luobo Bay, Gui County
The Museum of Guangxi Zhuang Autonomous Region

俑座陶灯
Pottery lamp with a figurine holder

东汉（公元 25 — 公元 220 年）
通高 30 厘米、口径 10.5 厘米
贵县高中工地 14 号墓出土
广西壮族自治区博物馆收藏

Eastern Han Dynasty (AD25 — AD220)
Height 30, Diameter of opening 10.5 cm
Unearthed from Tomb No.14 at the construction
site of the Senior High School of Gui County
The Museum of Guangxi Zhuang Autonomous
Region

球形镂空金饰件
Spherical gold ornaments in openwork

东汉（公元 25 — 公元 220 年）
最大者直径 1.3 厘米，重 10.3 克；其余两件直径均为
0.4 厘米、共重 2.1 克
合浦县九只岭出土
广西壮族自治区博物馆收藏
器呈十二面圆球形，中间镂空，十二面用小金条盘成
圆形小圈焊接而成，圆圈与圆圈之间五点交汇的三角
地带用高温吹凝的堆珠加以固定。堆珠似叠垒式的四
联罐，下有三颗，上叠垒一颗。堆珠之间以及堆珠与
圆圈之间都有焊接。其造型具印度风格。

Eastern Han dynasty (AD 25 — AD 220)
(Largest one) diameter 1.3 cm , Weight 10.3 g;
(The other two) diameter 0.4 cm, Weight 2.1 g
Unearthed in Jiuzhiling, Hepu
The Museum of Guangxi Zhuang Autonomous Region

胡人俑陶座灯
Pottery lamp with Hu-people figurine holder

东汉（公元 25 — 公元 220 年）
灯盘径 10.6 厘米、通高 20 厘米
合浦寮尾 M13b 出土
合浦县博物馆收藏

Eastern Han dynasty (AD 25 — AD 220)
Lamp diameter of tray 10.6 cm, Height 20 cm
Unearthed in Tomb No. 13b at Liaowei, Hepu
Hepu Museum

錾花高足铜杯
High-stemmed bronze cup with engraved design

东汉（公元 25 — 公元 220 年）
高 12.8 厘米、口径 6.9 厘米、足径 6.4 厘米
贵县粮食仓库 16 号墓出土
广西壮族自治区博物馆收藏

Eastern Han dynasty(AD 25 — AD 220)
Height 12.8 cm, Diameter of opening 6.9 cm, Diameter of base 6.4 cm
Unearthed in Tomb No. 16 at the grains depot of Gui County
The Museum of Guangxi Zhuang Autonomous Region

绿色玻璃璧
Green glass-made Bi, a circular ancient Chinese jade-liked artifact

西汉（公元前 206 — 公元 8 年）
直径 12.9 厘米、内径 3.2 厘米
合浦县望牛岭 2 号墓出土
广西壮族自治区博物馆收藏

Western Han dynasty (BC 206 — AD 8)
Diameter 12.9 cm, Inner diameter 3.2 cm
Unearthed in Tomb No. 2 in Wangniuling, Hepu
The Museum of Guangxi Zhuang Autonomous Region

来自异域的各种"奇石"是最早通过海上丝绸之路引入中国的大宗舶来品，包括各类玛瑙、珊瑚、水晶、琉璃等。它们或作为装饰品，或作为加工、点缀各类器物的原料，为人们生活带来了异域的风采。

弦纹玻璃杯
Glass cup with bow-string pattern

西汉（公元前 206 — 公元 8 年）
高 5 厘米、口径 7.3 厘米
合浦文昌塔 70 号墓出土
广西壮族自治区博物馆收藏
广西出土的汉代玻璃器包括各式装饰品和实用器具。化验结果表明，这些玻璃器均属于铅钡玻璃和钾玻璃而有别于西方的钠钙玻璃，但其生产技术应该是通过海上交通从西方传入的。

Western Han dynasty（BC 206 — AD8）
Height 5 cm, Diameter of opening 7.3 cm
Unearthed in Tomb No. 70 at Wenchangta, Hepu
The Museum of Guangxi Zhuang Autonomous Region

琉璃剑璏

Colored glaze sword ornament

东汉（公元 25 — 公元 220 年）
长 10.2 厘米、宽 2.2 厘米
合浦县黄泥岗 M1 出土
合浦县博物馆收藏

Eastern Han dynasty (AD 25 — AD 220)
Length 10.2 cm, Width 2.2 cm
Unearthed in Tomb No. 1 in Huangnigang, Hepu
Hepu Museum

蓝料穿珠
Stringed blue jade beads

西汉（公元前 206 — 公元 8 年）
合浦县堂排出土
广西壮族自治区博物馆收藏

Western Han dynasty (BC 206 — AD 8)
Unearthed in Tangpai, Hepu
The Museum of Guangxi Zhuang Autonomous Region

橄榄形红花玛瑙穿珠
Stringed olive-shaped red-and-white agate ornaments

西汉（公元前 206 — 公元 8 年）
最长 2.1 厘米
合浦县堂排出土
广西壮族自治区博物馆收藏

Western Han dynasty (BC 206 — AD 8)
Max. length 2.1 cm
Unearthed in Tangpai, Hepu
The Museum of Guangxi Zhuang Autonomous Region

琥珀小狮
Little amber lion

西汉（公元前 206 — 公元 8 年）
高 0.8 厘米、长 1.2 厘米
合浦县堂排出土
广西壮族自治区博物馆收藏
琥珀出自欧洲波罗的海沿岸。狮产于印度、欧洲东
南部和非洲，汉代开始输入中国。该狮子作伏卧昂
首状，前肢屈腿向前，后腿屈收腹下。制作工整，
形体准确，构思巧妙，形态生动。

Western Han dynasty (BC 206 — AD 8)
Height 0.8 cm, Length 1.2 cm
Unearthed in Tangpai, Hepu
The Museum of Guangxi Zhuang Autonomous Region

玛瑙小动物
Little agate animals

西汉（公元前 206 — 公元 8 年）
长 7.35 厘米、宽 2.4 厘米
合浦县堂排出土
广西壮族自治区博物馆收藏
玛瑙出自西域，合浦汉墓发现玛瑙饰物，说明当时
海外贸易相当繁盛。小动物共 11 件，其中鹅为 5 件，
虎 6 件。用圆雕技法，简练地表现动物的各部位，
制作工整，形体准确，构思巧妙，形态生动。

Length 7.35 cm, Width 2.4 cm
Unearthed in Tangpai, Hepu
The Museum of Guangxi Zhuang Autonomous Region

玛瑙琉璃珠饰
Agate and colored glazed beads

东汉（公元 25 — 公元 220 年）
广东徐闻出土
广东省博物馆收藏

Eastern Han dynasty (AD 25 — AD 220)
Unearthed in Xuwen, Guangdong
Guangdong Museum

经过两晋南北朝时期的发展，至唐、五代，通往日本、朝鲜的北方航线及通往西亚、南亚、东非等地的西行航线均获得了更大发展，其表现为依托海岸线前行的曲折航线减少，更加便捷的直航增多。广州、明州（今宁波）、扬州、交州（今属越南）等诸多国际性大港交相辉映的盛况开始形成，海上丝绸之路的重要性日益与陆上丝绸之路并驾齐驱。

After the development during Jin dynasty and Southern and Northern dynasties, the northern sea routes to Japan and Korea and the western sea routes to West Asia, South Asia and East Africa all further expanded in Tang dynasty and Five dynasties, as indicated by the decreasing of complex sea routes along the coastline and the increasing of more efficient straight sea routes. Major international ports including Guangzhou, Mingzhou (now Ningbo), Yangzhou, and Jiaozhou (now in Vietnam) were developed and well connected with each other. The Maritime Silk Road had increasingly become as important as the Silk Road on land.

港埠渐隆　海路绵延

【两晋—唐五代时期】

Section II.
Prosperous Ports and Extended Sea Routes

(From Jin to Tang and the Five Dynasties)

唐代广州依旧保持着南中国海第一大港的地位，并成为西行航线的主导性港口。此外，岭南节度使、市舶使皆治广州，成为国家最早的对外贸易管理机构。广州港的繁华有力地推动了华南地区经济、文化的进步，使这一汇聚东西方元素的国际性港口名扬于世。

波斯萨珊王朝银手镯
Silver bracelet from the Sassanid Empire in Persia

南朝（公元 420 — 公元 589 年）
直径 8 厘米
遂溪县遂城镇出土
遂溪县博物馆收藏

Southern dynasties(AD 420 — AD 589)
Diameter 8 cm
Unearthed in Suicheng, Suixi
Suixi Museum

波斯萨珊王朝银币
Silver coins from the Sassanid Empire in Persia

南朝（公元 420 — 公元 589 年）
直径 2.7 厘米
遂溪县遂城镇出土
遂溪县博物馆收藏
银币为波斯萨珊王朝所铸，年代在沙卜尔三世至卑路斯之间（约公元 383 — 公元 484 年），与广东英德等地同时期墓出土的波斯银币相同，表明中国通过"海上丝绸之路"与波斯等国之间的交通贸易有很大的发展。

Southern dynasties(AD 420 — AD 589)
Diameter 2.7cm
Unearthed in Suicheng, Suixi
Suixi Museum

素面金碗
Plain gold bowl

南朝（公元 420 — 公元 589 年）
高 6 厘米、口径 10.7 厘米、底径 4.4 厘米
遂溪县遂城镇出土
广东省博物馆收藏

Southern dynasties(AD 420 — AD 589)
Height 6cm , diameter of opening 10.7cm, diameter of
base 4.4 cm
Unearthed in Suicheng, Suixi
Guangdong Museum

金花饰件
Flower-shaped gold ornament

南朝（公元 420 — 公元 589 年）
直径 4 厘米
遂溪县遂城镇出土
广东省博物馆收藏

Southern dynasties(AD 420 — AD 589)
Diameter 4 cm
Unearthed in Suicheng, Suixi
Guangdong Museum

波斯萨珊王朝银碗
Silver bowl from the Sassanid Empire in Persia

南朝（公元 420 — 公元 589 年）
高 7.2 厘米、口径 18.5 厘米、底径 7 厘米
遂溪县遂城镇出土
遂溪县博物馆收藏
银碗器身作十二瓣花形，习惯称为十二折银碗，并且
题有铭文。银碗的题铭与伊朗北部出土银碗所题的阿
拉美文吻合。阿拉美文曾使用于萨珊王朝时东伊朗地
区的粟特和花剌子模。该碗印证了粟特商人南朝时期
在岭南沿海的活动。

Southern dynasties(AD 420 — AD 589)
Height 7.2cm, Diameter of opening18.5cm, Diameter of base7cm
Unearthed in Suicheng, Suixi
Suixi Museum

莲瓣花鸟铜镜
Lotus-shaped bronze mirror decorated with flowers and birds

唐代（公元 618 — 公元 907 年）
厚 0.8 厘米、直径 13.5 厘米
高州良德水库洗庙背岭出土
湛江市博物馆收藏

Tang dynasty(AD 618 — AD 907)
Thickness 0.8cm, Diameter13.5cm
Unearthed in Xianmiaobei Ridge near Liangde Reservoir in Gaozhou
Zhanjiang Museum

青釉刻划莲花纹托盘
Celadon tray with incised lotus design

南朝（公元 420 — 公元 589 年）
高 4 厘米、口径 20.7 厘米、底径 10.2 厘米；托口直径 7.6
厘米
建瓯水西放生池出土
福建博物院收藏

Southern dynasties(AD 420 — AD 589)
Height 4cm, Diameter of opening20.7cm, Diameter of
base10.2cm; Diameter of tray 7.6 cm
Unearthed at Fangshengchi in Shuixi, Jian"ou
Fujian Museum

青釉博山炉
Celadon-glazed Boshan censer

南朝（公元 420 — 公元 589 年）
高 21.7 厘米、口径 7.1 厘米、底径 10.9 厘米
闽侯县南屿高歧官山出土
福建博物院收藏

Southern dynasties(AD 420 — AD 589)
Height 21.7cm, Diameter of opening7.1cm, Diame-
ter of base10.9cm
Unearthed in Guan Hill in Gaoqi, Nanyu, Minhou
Fujian Museum

福州 地处闽江下游，三面环山，一面临海，是福建海洋文明诞生的摇篮。作为闽越人的故都，这里开拓了发达的海上航线。东汉时期，福州更成为南方由海路向中央转运货物的重要枢纽。建衡元年（公元269年），东吴政权在此设立"典船校尉"督造海船，"温麻船屯"与当时的浙江横屿、广州番禺并称。五代时闽王王审知开辟甘棠港，使海外贸易更加兴盛。

波斯孔雀绿釉陶瓶
Persian malachite green-glazed pottery vase

唐代（公元 618 — 公元 907 年）

高 74.5 厘米、口径 15 厘米、腹径 42 厘米、底径 17 厘米

福州五代闽国刘华墓出土

福建博物院收藏

敛口，丰肩，长腹渐收，平底沿外突，状如橄榄。颈肩间附有四个绚纹环耳。肩腹部饰四道粗绳状堆纹。橙红陶胎，质较松，通体施孔雀绿釉，釉质晶莹。

Tang dynasty(AD 618 — AD 907)
Height 74.5cm, Diameter of opening15cm, Diameter of belly 42cm, Diameter of base17cm
Unearthed in the tomb of Liu Hua from the Kingdom of Min
Fujian Museum

长沙窑褐绿彩双系罐
Changsha-Kiln brownish green jar with two lugs

唐代（公元 618 — 公元 907 年）

高 12 厘米、口径 7.7 厘米、底径 8.3 厘米

陈元通夫人汪氏墓出土

厦门市博物馆收藏

斜直唇，口微外敞，斜直领，溜肩，长弧腹，底部微外撇，器底内凹。器表以浅米黄色低温釉为底色，有细小开片，施釉至近底处，底部无釉；罐内口沿部施釉较厚，其他部分施釉较薄。器身底釉上施彩色釉，肩部装饰有一圈褐色连珠纹，与双耳对应的两侧装饰有褐色连珠纹组成的图案，呈下垂状，内圈再以绿色连珠纹装饰；中心部分为一个绿色圆点，环以褐色连珠纹，总体图案呈莲叶状。该罐胎体制作细腻工整，线条流畅，有唐代中亚及西域文化的风格和特点，是唐代长沙窑釉上褐绿彩瓷器的代表性器物之一。

Tang dynasty(AD 618 — AD 907)
Height12cm, diameter of opening7.7cm, Diameter of base 8.3 cm
Unearthed in the tomb of Wang, spouse of Chen Yuantong
Xiamen Museum

铜鎏金闽王王延翰狮子炉
Gilded bronze censer with lion design commissioned by Wang Yanhan

五代（公元 907 — 公元 960 年）
通高 40.1 厘米、口径 21 厘米、狮高 11.3 厘米
福建博物院收藏
盖作盔状，蹲狮纽。炉直口，平唇外折，边沿呈五葵瓣状。直腹平底，
下承五兽面足，腹足交接处铆钉，通体鎏金。唇面环刻楷书"弟子盐
铁出使巡官主福建院事检校尚书礼部郎中赐紫金鱼袋王延翰奉为大王
及国夫人铸造狮子香炉壹口捨入保福院永充供养天祐四年九月四日题"
铭文一周。

Five dynasties period(AD 907 — AD 960)
Height 40.1cm, Diameter of opening 21cm, Height of lion 11.3 cm
Fujian Museum

邢窑白瓷碗
Xing-Kiln white ceramic bowl

唐代（公元 618 — 公元 907 年）

口径 15.4 厘米、底足外径 6.6 厘米、底足内径 3.9
厘米

陈元通夫人汪氏墓出土

厦门市博物馆收藏

圆唇，浅斜直腹，玉璧底，通体斗笠形。胎体呈白
色，质地细密坚硬，形制工整，制作精细。除口沿、
足底无釉外，通体施白釉，釉色呈白色偏灰黄，釉
面细腻润泽，玉璧底中心部分施釉，有使用痕迹。

Tang dynasty(AD 618 — AD 907)
Diameter of opening 15.4cm, Outer foot diameter
6.6cm, Inner diameter foot diameter 3.9 cm
Unearthed in the tomb of Wang, spouse of Chen Yu-
antong
Xiamen Museum

越窑青瓷葵口杯
Yue-Kiln celadon cup with sunflower-shaped opening

五代（公元 907 — 公元 960 年）

高 5.7 厘米、口径 11.4 厘米、底径 6.8 厘米

浙江省博物馆收藏

Five dynasties period(AD 907 — AD 960)
Height 5.7cm, Diameter of opening 11.4cm, Diameter of
base 6.8 cm
Zhejiang Provincial Museum

明州 （宁波）居钱塘湾口东南角，渊源于春秋战国时期著名的军港——句章。汉代句章港向东北迁至甬江、姚江、奉化江交汇的"三江口"一带。唐长庆元年（公元821年）正式于此设明州城。唐代明州开辟的直航日本的新航路具有重要意义，江南发达的经济与文化影响通过这里辐射到整个东亚。

越窑是我国历史最为悠久的青瓷窑口之一，主要集中在浙江余姚、上虞、绍兴一带。从汉代开始，经历了两晋南朝的发展，逐渐成为"南青北白"中南方青瓷的代表，有"九秋风露越窑开，夺得千峰翠色来"之誉。其中晚唐至五代烧制的"秘色瓷"为宫廷贡瓷，是极为罕见的珍品。越窑青瓷大量销往亚洲各地，甚至远抵非洲。

越窑双龙罂
Ying, Yue-Kiln jar decorated with a pair of dragons

唐代（公元 618 — 公元 907 年）
高 36.3 厘米、口径 17.3 厘米、底径 11.5 厘米
浙江省博物馆收藏

Tang dynasty(AD 618 — AD 907)
Height 36.3cm, Diameter of opening 17.3cm, Diameter of base11.5 cm
Zhejiang Provincial Museum

越窑青瓷花口杯
Yue-Kiln celadon cup with flower-shaped opening

五代（公元 907 — 公元 960 年）
高 5 厘米、口径 7.8 厘米、底径 3.9 厘米
浙江省博物馆收藏

Five dynasties period(AD 907 — AD 960)
Height 5cm, Diameter of opening 7.8cm, Diameter of base 3.9cm
Zhejiang Provincial Museum

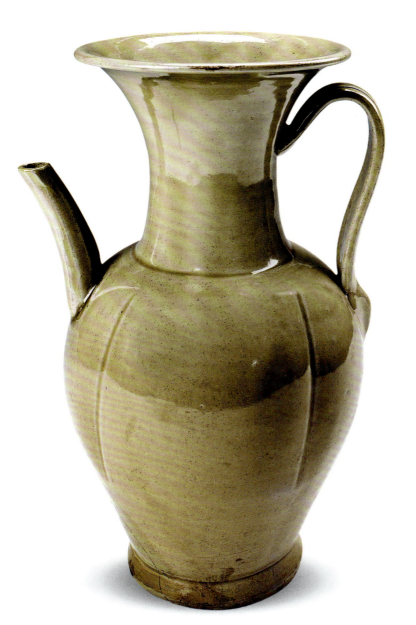

越窑瓜棱执壶
Yue-Kiln melon-shaped ewer

唐代（公元 618 — 公元 907 年）
高 25.8 厘米、口径 11 厘米、底径 8.4 厘米
浙江宁波和义路唐码头遗址出土
宁波博物馆收藏
喇叭口，长颈，溜肩，瓜棱腹，矮圈足，肩部对置棱角流与扁带状把。
胎质致密，釉色青黄滋润。发掘时与唐"大中二年"云鹤寿字纹碗（残）
同出。

Tang dynasty(AD 618 — AD 907)
Height 25.8cm, Diameter of opening 11cm, Diameter of base 8.4cm
Unearthed in the Tang pier site on Heyi Road in Ningbo, Zhejiang
Ningbo Museum

越窑绞胎灵芝纹伏兽脉枕
Yue-Kiln mix-coloured ceramic hand rest with ganoderma patterns and prostrate animal

唐代（公元 618 — 公元 907 年）
高 9.3 厘米、底 11.0×7.5 厘米
浙江宁波市和义路遗址出土
宁波博物馆收藏
枕面呈椭圆形，中间嵌以绞胎，为褐色灵芝纹，下部以伏兽为座。青釉，晶莹滋润。绞胎装饰是当时越窑烧制工艺中向北方借鉴而成，较为少见。

Tang dynasty(AD 618 — AD 907)
Height 9.3cm, Base size 11.0×7.5 cm
Unearthed in the historic site on Heyi Road in Ningbo, Zhejiang
Ningbo Museum

越窑青瓷盏托
Yue-Kiln celadon teacup and tray

唐代（公元 618 — 公元 907 年）
通高 6.6 厘米、口径 11.8 厘米、底径 6.6 厘米
浙江宁波市和义路遗址出土
宁波博物馆收藏
为唐时茶具，由盏与托组成。盏为敞口五缺荷花形，弧腹压印五棱，圈足。托似一舒展荷叶，四边微微卷起，浅腹，圈足。盏托相合，全器宛若出水荷叶托着朵盛开的荷花。胎质细密，釉色莹润欲滴，为越窑秘色瓷中珍品。

Tang dynasty(AD 618 — AD 907)
Height 6.6cm, Diameter of opening 11.8cm, Diameter of base 6.6cm
Unearthed in the historic site on Heyi Road in Ningbo, Zhejiang
Ningbo Museum

唐代丝绸大量输入朝鲜半岛及日本，江南名产越罗甚至被新罗指定为官服衣料，而日本的遣唐使每次也接受大量的赐绢。公元 8 世纪的飞鸟、奈良时代成为日本丝绸生产的繁荣期，古籍《延喜式》记载了中国丝绸技术在织物用料、染色配方等方面对其的重要影响。

联珠对鹿纹锦
Brocade decorated with a pair of deers in pearl-bordered medallion

唐代（公元 618 — 公元 907 年）
长 32 厘米、宽 29 厘米
中国丝绸博物馆收藏

Tang dynasty(AD 618 — AD 907)
Length 32 cm, Width 29 cm
China National Silk Museum

红地对鸟纹锦
Red brocade decorated with a pair of birds

唐代（公元 618 — 公元 907 年）
长 15.5 厘米、宽 15 厘米
中国丝绸博物馆收藏

Tang dynasty(AD 618 — AD 907)
Length 15.5cm, Width 15 cm
China National Silk Museum

瑞兽铭带线刻铜镜
Line engraving bronze mirror decorated with auspicious animals

唐 — 五代（公元 618 — 公元 960 年）
直径 10.3 厘米
杭州雷峰塔地宫出土
浙江省博物馆收藏

圆形，圆组，内区有四只瑞兽围绕镜纽作同方向奔驰，瑞兽间用缠枝葡萄作装饰。外区一圈楷书铭文带，为"光流素月质禀玄精澄空鉴水照回凝清终古永固莹此心灵"24 字，句子首尾用点号分隔。铭文外有一圈锯齿纹，纹饰和铭文较模糊。铜镜的正面阴刻一幅画，有人物、楼阁、星象、浮云、龙凤、仙鹤、天乐、家具等题材，表现了天上人间同乐的场景。此类镜多以佛教题材装饰镜面，为五代吴越国独创，制作工艺传入日本、朝鲜，是海上丝绸之路文化交流的一个例证。

Tang Dynasty — Five dynasties period(AD 618 — AD 960)
Diameter 10.3 cm
Unearthed in the underground chamber of Leifeng Pagoda in Hangzhou
Zhejiang Provincial Museum

长沙窑彩绘青瓷碗
Changsha kiln painted celadon bowl

唐代（公元 618 — 公元 907 年）
高 7.4 厘米、口径 20.6 厘米、底径 7.1 厘米
黑石号沉船出水
浙江省博物馆收藏

Tang dynasty (AD 618 — AD 907)
Height 7.4 cm, Diameter of opening 20.6 cm,
Diameter of base 7.1 cm
Retrieved from the wreck Black Stones (Batu Hitam)
Zhejiang Provincial Museum

长沙窑彩绘青瓷碗
Changsha kiln painted celadon bowl

唐代（公元 618 — 公元 907 年）
高 4.9 厘米、口径 14.8 厘米、底径 5.4 厘米
黑石号沉船出水
浙江省博物馆收藏

Tang dynasty(AD 618 — AD 907)
Height 4.9 cm, Diameter of opening 14.8 cm, Diameter of base 5.4 cm
Retrieved from the wreck Black Stones (Batu Hitam)
Zhejiang Provincial Museum

建康（南京）作为六朝时期的统治中心，在海上丝绸之路的形成和发展过程中扮演了重要角色。东吴孙权就曾多次派遣使臣或船队造访夷州（台湾）、交趾、高句丽、倭国（日本）等。同时南京也是当时佛教传播与交流的重要中心。

玻璃杯
Glass cup

东晋（公元 317 — 公元 420 年）
高 10.4 厘米、口径 9.4 厘米、底径 2.5 厘米
南京象山 M7 出土
南京市博物馆收藏
玻璃质，淡黄绿色，较透明，内有气泡。圆唇，口稍外侈。杯身为筒形，至底收敛。圜底，杯身磨光，口沿及下腹各有一周弦纹及平整的花瓣，腹部有七个椭圆形作装饰。器形端庄优美，具有异国风采。从器物纹饰和检测报告来看，其成分与古罗马玻璃制品成分相似，当是从外国传入的用品，是当时中外贸易往来的重要见证。

Eastern Jin dynasty(AD 317 — AD 420)
Height 10.4cm, Diameter of opening 9.4cm, Diameter of base 2.5cm
Unearthed from Tomb No.7 in Xiangshan, Nanjing
Nanjing Municipal Museum

鹦鹉衔绶带铜镜
Bronze mirror decorated with image of two parrots holding ribbons

唐代（公元 618 — 公元 907 年）
直径 28 厘米
上海市青龙镇遗址出土
上海博物馆收藏

Tang dynasty (AD 618 — AD 907)
Diameter 28cm
Unearthed from Qinglong village archaeological site in Shanghai
Shanghai Museum

扬州 隋唐时的扬州物产丰富、手工业发达。扬州位于长江与运河的交点，拥有得天独厚的地利。越罗吴绫、扬州绫锦、益州蜀锦，越窑、洪州窑、岳州窑、长沙窑等瓷器，南方茶叶，襄州漆器，蜀中麻纸，扬州铜镜等均汇聚于此并出口外销。

巩县窑青花瓷盘
Gongxian-Kiln blue-and-white ceramic plate

唐代（公元 618 — 公元 907 年）
高 3.3 厘米、口径 14.8 厘米、底径 6.9 厘米
扬州市万家福二期工地出土
扬州博物馆收藏
盘四瓣花形，口沿外撇，腹内壁对应花口处起筋，浅腹，圈足。盘内中心青花绘四瓣花卉纹一朵，壁上等分绘三组花瓣纹。盘内外施白釉，圈足露胎，胎色米黄，胎质细密。此件唐代青花盘，器型端正，绘画工整，层次清晰，十分罕见。

Tang dynasty(AD 618 — AD 907)
Height 3.3cm, Diameter of opening 14.8cm, Diameter of base 6.9cm
Unearthed in the Phase 2 Wanjiafu construction site in Yangzhou
Yangzhou Museum

绿釉龙纹葵口盘
Green-glazed plate with a mallow-petal-shaped rim and dragon design

唐代（公元 618 — 公元 907 年）
高 5.9 厘米、口径 24 厘米、底径 11.7 厘米
扬州市万家福二期工地出土
扬州博物馆收藏

Tang dynasty(AD 618 — AD 907)
Height 5.9cm, Diameter of opening 24cm, Diameter of base 11.7cm
Unearthed in the Phase 2 Wanjiafu construction site in Yangzhou
Yangzhou Museum

葵形八卦生肖纹铜镜
Sunflower-shaped bronze mirror with Eight Trigrams and Chinese zodiac animals

唐代（公元 618 — 公元 907 年）
直径 15.2 厘米
高邮郭集大营村出土
扬州博物馆收藏
镜八出葵花形，龟纽。座外饰荷花叶形边，在外一周饰环绕八卦，再外饰形态逼真的十二生肖。素缘。

Tang dynasty(AD 618 — AD 907)
Diameter 15.2 cm
Unearthed in Daying, Guoji, Gaoyou
Yangzhou Museum

船型银锭
Boat-shaped silver ingot

唐代（公元 618 — 公元 907 年）
长 20 厘米、宽 11.6 厘米、高 7.2 厘米
扬州市城北兰州干休所工地出土
扬州博物馆收藏
锭面呈中间狭两头宽的束腰状，两端由上至下为斜面
梯形足。该锭船形，形制完整，对研究货币发展史有
一定的价值。

Tang dynasty(AD 618 — AD 907)
Length 20cm, Width 11.6cm, Height 7.2 cm
Unearthed in the building site of the Lanzhou sanatorium
of retired cadres in the northern part of the Yangzhou
Yangzhou Museum

球形镂空串宝金耳坠
Spherical gold eardrop with stringed gems and openwork design

唐代（公元 618 — 公元 907 年）
环宽 2.3 厘米、球径 1.9 厘米，总重 25 克
扬州市三元路建设银行工地出土
扬州博物馆收藏

Tang dynasty(AD 618 — AD 907)
Width of ring 2.3cm, Diameter of ball 1.9 cm, Weight 25 g
Unearthed in bank building site in Sanyuan road, Yangzhou
Yangzhou Museum

西亚绿釉陶壶
West Asian green-glazed pottery jar

唐代（公元 618 — 公元 907 年）
通高 38 厘米、口径 9 厘米、腹径 26.3 厘米、底径
10 厘米
扬州市汽车修理厂出土
扬州博物馆收藏
壶唇口，高颈，丰肩，鼓腹，腹下渐收，饼形足，底
心内凹。口部下方至肩置条形对称双耳。通体饰以相
间的弦纹和水波纹。内外壁均施绿色釉，近底部有流
釉现象，底部微露土黄色胎。此壶为唐代伊斯兰教地
区传入品。

Tang dynasty(AD 618 — AD 907)
Height 38 cm, Diameter of opening 9cm, Diameter of bel-
ly 26.3cm, Diameter of base 10cm
Unearthed in Yangzhou Garage
Yangzhou Museum

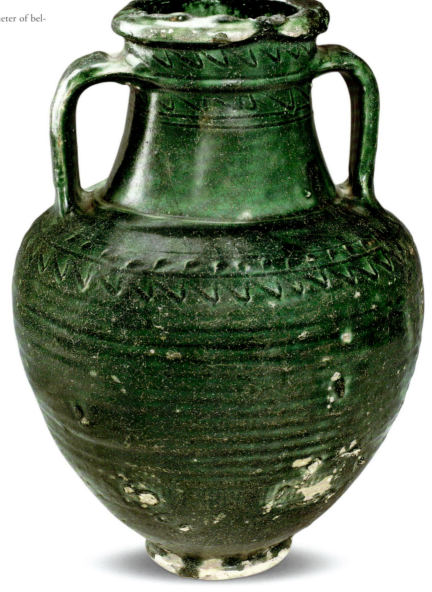

打马球铜镜
Bronze mirror with the design of polo players

唐代（公元 618 — 公元 907 年）
直径 19.4 厘米、厚 0.95 厘米
扬州邗江出土
扬州博物馆收藏

此镜为半圆组，菱花形黄蜂枝纹缘。主体纹饰为四名骑士手持鞠杖，跃马奔驰，作击球状。其间衬以高山、花卉纹。该镜造型完美，铸造生动，具有鲜明时代特征，为唐镜中不可多得的佳品。

Tang dynasty(AD 618 — AD 907)
Diameter 19.4cm, thickness 0.95 cm
Unearthed in Hanjiang, Yangzhou
Yangzhou Museum

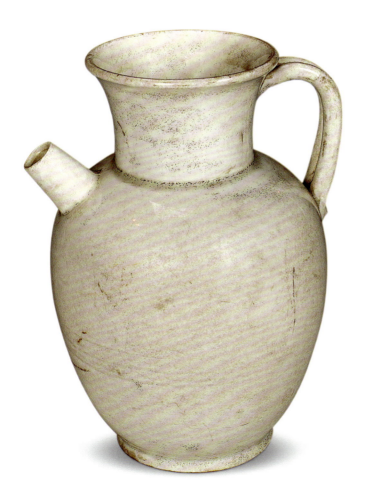

邢窑白瓷执壶
Xing-Kiln white ceramic ewer

唐代（公元 618 — 公元 907 年）
高 17.3 厘米、口径 7.5 厘米、腹径 11 厘米、底径 6.6 厘米
扬州市东风砖瓦厂出土
扬州博物馆收藏

Tang dynasty(AD 618 — AD 907)
Height 17.3 cm, Diameter of opening 7.5cm, Diameter of belly 11cm, Diameter of base 6.6cm
Unearthed in Dongfeng Brick and Tile Factory, Yangzhou
Yangzhou Museum

铁锚

唐代（公元 618 — 公元 907 年）
钩长 12 厘米、高 17.5 厘米
张家港黄泗浦遗址出土
南京博物院收藏

Tang dynasty(AD 618 — AD 907)
Length of the hooks 12cm, Height 17.5cm
Unearthed from the Huangsipu archaeological site, Zhangjiagang
Nanjing Museum

莲纹基座方砖
Square base brick with lotus pattern

唐代（公元 618 — 公元 907 年）
长 24 厘米、宽 20 厘米、厚 5.5 厘米
张家港黄泗浦遗址出土
南京博物院收藏

Tang dynasty(AD 618 — AD 907)
Length 24cm, Width 20cm, Thickness 5.5cm
Unearthed from the Huangsipu archaeological site, Zhangjiagang
Nanjing Museum

摩羯造型起源于古代印度人对海洋大鱼的神化，一般认为由佛教东传而进入中国。最早的造型见于东晋顾恺之的《洛神赋图》，此后逐渐成为金银器或瓷器上的重要装饰。

摩羯纹多曲银碗
Silver bowl with makara fish design

唐代（公元 618 — 公元 907 年）
通高 8.9 厘米、口沿最大直径 16.3 厘米、圈足外径 10.6 厘米、圈足高 2.9 厘米
陈元通夫人汪氏墓出土
厦门市博物馆收藏
口沿及腹部分五瓣，状似仰莲花瓣，底部焊接有圈足。碗内底部以摩羯鱼图案为中心，至碗口处共有四层图案，均鎏金。碗内底中心锤揲出凸起的摩羯鱼戏双珠图案，摩羯鱼高鼻、双翼、叉形尾，呈逆时针方向游动状，衬以錾刻的细密波浪纹。圈足外侧底部錾刻有一圈回纹装饰。此碗图案复杂，制作精美。

Tang dynasty(AD 618 — AD 907)
Height 8.9cm, max. Diameter of opening16.3cm, Outer diameter of ring foot 10.6cm, Height of ring foot 2.9 cm
Unearthed in the tomb of Wang, spouse of Chen Yuantong
Xiamen Museum

缠枝葡萄纹在古希腊、罗马时期就
是当地工艺品的主要装饰。海兽葡
萄镜出现于唐代，是东西方文化交
融的表现。

海马葡萄纹铜镜

**Bronze mirror decorated with sea
horses and grapes**

唐代（公元 618 — 公元 907 年）
直径 20.7 厘米
扬州邗江出土
扬州博物馆收藏
镜作圆形，兽纽。镜背以葡萄纹为地。中以凸弦纹分
界内、外两区，内区浮雕八兽及鹤和禽，外区环列兽、
禽、雀、雁等。连枝花镜边，高镜缘。

Tang dynasty(AD 618 — AD 907)
Diameter 20.7 cm
Unearthed in Hanjiang, Yangzhou
Yangzhou Museum

狮子产于印度、欧洲东南部和非洲，汉代开始输
入中原地区，此后逐渐成为中国最具代表性的神
兽造型。

越窑青釉狮形烛台
**Yue-Kiln lion-shaped candlestick with blue glaze of the
Western Jin Dynasty**

西晋（公元 265 — 公元 316 年）
通高 26 厘米、通长 17.2 厘米、管高 19.8 厘米、管径 3.2 厘米
山东新泰西晋羊氏家族墓地出土
新泰市博物馆收藏

Western Jin dynasty (AD 265 — AD 316)
Height 26cm, Length 17.2cm, Height of tube 19.8cm, Diameter of
tube 3.2 cm
Unearthed in the cemetery of the Yang clan in Xintai, Shandong
Xintai City Museum

双狮方形铜镜
Square bronze mirror decorated with two lions

唐代（公元 618 — 公元 907 年）
边长 11.5 厘米
扬州市郊出土
扬州博物馆收藏

Tang dynasty(AD 618 — AD 907)
Side length11.5cm
Unearthed in the suburbs of Yangzhou
Yangzhou Museum

越窑青瓷摩羯纹虎枕
Yue-Kiln celadon head rest decorated with patterns of makara fish and tiger

五代（公元 907 — 公元 960 年）
枕面宽 11.8 厘米、枕面残长 15.6 厘米、高 9 厘米
上虞市上浦镇昆仑村出土
上虞博物馆收藏
器表施青绿色釉。枕面微曲，面上刻划摩羯纹。枕面下是一双头单体老虎，作卧状。两虎头对角相同，尾巴甩至腹部。虎体下是椭圆形底座。

Five dynasties period(AD 907 — AD 960)
Height 9 cm, Width of top 11.8cm, Length of top 15.6cm
Unearthed in Kunlun, Shangpu, Shangyu
Shangyu Museum

长沙窑 窑址位于长沙铜官镇及书堂乡石渚瓦渣坪一带，以釉下彩绘、贴花、印花最为著名。彩绘题材包括人物、山水、走兽、花鸟、游鱼等，并题写民间谚语、警句、诗文等，在日本、韩国、菲律宾、泰国、伊朗、伊拉克等地均有发现。

青釉褐斑贴花执壶
Celadon-glazed ewer and brown appliqué design

唐代（公元 618 — 公元 907 年）
高 21.5 厘米、口径 9 厘米、腹径 14.5 厘米、底径 15.7 厘米
扬州市砖瓦厂出土
扬州博物馆收藏

Tang dynasty(AD 618 — AD 907)
Height 21.5cm, Diameter of opening 9cm, Diameter of belly 14.5cm,
Diameter of base 15.7cm
Unearthed in the Brick and Tile Factory of Yangzhou
Yangzhou Museum

长沙窑青釉褐彩贴花执壶

Changsha-Kiln celadon-glazed ewer and brown appliqué design

唐代（公元 618 — 公元 907 年）
高 21.5 厘米、口径 9 厘米、腹径 14.5 厘米、底径
15.7 厘米
温州市龙湾区状元镇状一村唐代墓出土
温州博物馆收藏
侈口，卷唇，短颈，丰肩，圆腹，平底。肩部一侧置
八棱形短流，对侧置扁曲柄，两侧竖贴双系。腹部装
饰采用模印贴花技法。流下饰唐代流行的仿木结构翘
檐方形宝塔，刹顶和檐上缀有宝珠。两系下各饰一跳
舞胡人，戴冠，深目高鼻，浓须，着窄袖胡服，腋下
垂飘带，脚着长筒靴。贴花图案上和腹部置柄处均加
施大块褐彩斑。胎呈灰白色，质坚。除底外通体施青
中泛黄色釉，釉色均匀稳定，釉面开细碎纹片。

Tang dynasty(AD 618 — AD 907)
Height 21.5cm, Diameter of opening 9cm, Diameter of
belly 14.5cm, Diameter of base 15.7cm
Unearthed in a Tang tomb in Zhuangyi, Zhuangyuan,
Longwan, Wenzhou
Wenzhou Museum

随着海上丝绸之路的繁荣，越来越多来自异域的外国人到访或定居中国，而各地的出土器物上，也出现了众多异国他乡的面孔。

昆仑女人头像铜杖首
Bronze cane top decorated with the image of a Negrito woman

唐代（公元 618 — 公元 907 年）
高 12.45 厘米、柱径 1.9 厘米
高州良德水库冼庙背岭出土
湛江市博物馆收藏
昆仑女人头像铜杖首高 12.45 厘米，造型为一昆仑女人头像，卷发黑身，高鼻大眼，在此类铜饰中甚为少见。据专家推测是唐代"昆仑奴"的样貌。

Tang dynasty(AD 618 — AD 907)
Height 12.45cm, Tube diameter 1.9 cm
Unearthed in Xianmiaobei Ridge near Lianghe Reservoir in Gaozhou
Zhanjiang Museum

象牙外国人头像
Ivory foreigner figure

唐代（公元 618 — 公元 907 年）
通高 3 厘米
南越王宫博物馆收藏

Tang dynasty(AD 618 — AD 907)
Height 3cm
Nanyue Palace Museum

胡人陶俑
Hu-people pottery figurine

南北朝（公元 386 — 公元 589 年）
高 27.1 厘米
山东博物馆收藏

Southern and Northern dynasties period(AD 386 — AD 589)
Height 27.1 cm
Shandong Museum

三彩釉陶俑
Tricolor-glazed pottery figurine

唐代（公元 618 — 公元 907 年）
高 22.3 厘米
山东博物馆收藏

Tang dynasty(AD 618 — AD 907)
Height 22.3 cm
Shandong Museum

胡人骑狮青瓷水注
Celadon water dropper with a Hun riding on a lion design

西晋（公元 265 — 公元 316 年）
高 27.1 厘米
山东临沂洗砚池晋墓出土
临沂市博物馆收藏

Western Jin dynasty(AD 265 — AD 316)
Height 27.1cm
Unearthed from a tomb of Jin dynasty in Xiyanchi in May
2003, Linyi, Shandong province
Linyi Museum

胡人骑狮铜烛台
Hu-people-riding-lion-shaped bronze candlestick

西晋（公元 265 — 公元 316 年）
高 18.9 厘米
山东临沂洗砚池晋墓出土
临沂市博物馆收藏

Western Jin dynasty(AD 265 — AD 316)
Height 18.9cm
Unearthed from a tomb of Jin dynasty in Xiyanchi in Shandong
Linyi Museum

马来人陶范
Pottery mold for the sculpture of a Malay man

唐代（公元 618 — 公元 907 年）
直径 3.6 厘米
扬州市农学院工地出土
扬州博物馆收藏

Tang dynasty(AD 618 — AD 907)
Diameter 3.6cm
Unearthed in agricultural college plant in Yangzhou
Yangzhou Museum

佛教 是中国最主要的宗教之一，早在东汉时期已通过陆路和海路两条途径传入中国。从晋代法显开始，海上往来求法或布道者络绎不绝。佛教在东南地区逐渐兴盛，中唐时期禅宗一枝独秀，晚唐五代又分衍出诸多宗派。佛教在中国广泛发展，又通过海上丝绸之路对外传播，尤其是东传日本后，在绘画、建筑、雕刻、茶道等许多方面均产生了巨大影响。

蝉冠菩萨造像
Bodhisattva Statue with a Cicada Crown

东魏（公元 534 — 公元 550 年）
通高 120.5 厘米
山东博兴县龙华寺遗址出土
山东博物馆收藏

Eastern Wei dynasty(AD 534 — AD 550)
Height 120.5 cm
Unearthed in the site of Longhua Temple in Boxing, Shandong
Shandong Museum

铜净瓶
Bronze Kundika(water vase)

唐代（公元 618 — 公元 907 年）
高 27.6 厘米、底径 6.1 厘米
扬州仪征胥浦文化馆出土
扬州博物馆收藏

Tang dynasty(AD 618 — AD 907)
Height 27.6cm, Diameter of base 6.1 cm
Unearthed in Xupu Culture Center in Yizheng, Yangzhou
Yangzhou Museum

铜菩萨立像
Bronze standing statue of Avalokitesvara

唐 — 五代（公元 618 — 公元 960 年）
通高 20 厘米
金华万佛塔地宫出土
浙江省博物馆收藏

Tang Dynasty — Five dynasties period(AD 618 — AD 960)
Overall height 20 cm
Unearthed in the underground chamber of Wanfo Pagoda in Jinhua
Zhejiang Provincial Museum

鎏金铜观音菩萨坐像
Gilded bronze sitting statue of Avalokitesvara

唐 — 五代（公元 618 — 公元 960 年）
通高 16 厘米
金华万佛塔地宫出土
浙江省博物馆收藏

Tang Dynasty — Five dynasties period(AD 618 — AD 960)
Height 16 cm
Unearthed in the underground chamber of Wanfo Pagoda in Jinhua
Zhejiang Provincial Museum

鎏金铜观音菩萨立像
Gilded bronze standing statue of Avalokitesvara

唐 — 五代（公元 618 — 公元 960 年）

通高 25 厘米

金华万佛塔地宫出土

浙江省博物馆收藏

头梳高髻，发辫垂肩。弯眉大眼，鼻梁挺直，唇微合。
颈饰长璎珞，甩搭于左腕上。袒胸露肚，着贴体裙。
左手下垂持净瓶，右手举执拂尘（或杨枝）。赤足
立于仰覆莲座上。露带绕双臂垂于莲台上。

Tang Dynasty — Five dynasties period(AD 618 — AD 960)

Height 25 cm

Unearthed in the underground chamber of Wanfo Pagoda in Jinhua

Zhejiang Provincial Museum

铜观音坐像
Bronze sitting statue of Avalokitesvara

唐 — 五代（公元 618 — 公元 960 年）
通高 19.5 厘米
金华万佛塔地宫出土
浙江省博物馆收藏

Tang Dynasty — Five dynasties period(AD 618 — AD 960)
Height 19.5 cm
Unearthed in the underground chamber of Wanfo Pagoda in Jinhua
Zhejiang Provincial Museum

模压莲花纹砖
Brick with molding lotus pattern

唐代（公元 618 — 公元 907 年）
长 35 厘米、宽 25 厘米、厚 4.3 厘米
三亚大云寺遗址出土
三亚市博物馆收藏

Tang dynasty(AD 618 — AD 907)
Length 35cm, Width 25cm, Thickness 4.3cm
Unearthed from the Dayun Temple archaeological site, Sanya
Sanya Municipal Museum

铜塔
Bronze pagoda

五代（公元 907 — 公元 960 年）
通高 19.5 厘米、底 8.2×7.8 厘米
福州连江出土
福建博物院收藏

Five dynasties period(AD 907 — AD 960)
Height 19.5cm, Base size 8.2 × 7.8 cm
Unearthed in Lianjiang, Fuzhou
Fujian Museum

鎏金铜释迦牟尼说法佛坐像

Gilded bronze sitting statue of Buddha Sakyamuni expound buddist doctrine

五代（公元 907 — 公元 960 年）
通高 68 厘米
杭州雷峰塔地宫出土
浙江省博物馆收藏

Five dynasties period(AD 907 — AD 960)
Height 68 cm
Unearthed in the underground chamber of Leifeng Pagoda in Hangzhou
Zhejiang Provincial Museum

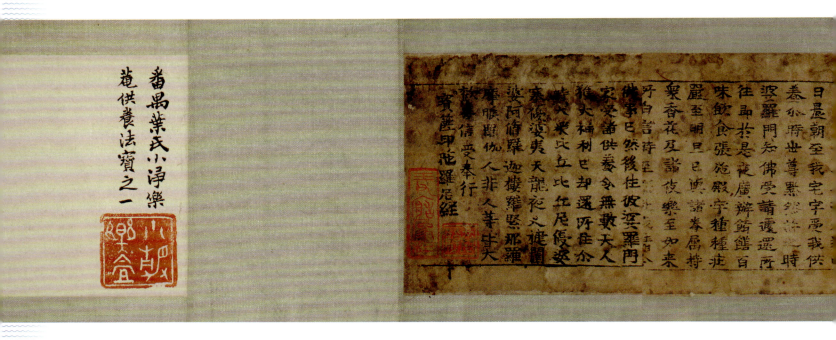

刻本《宝箧印陀罗尼经》
The Casket Seal Dharani Sutra, block-printed

五代（公元 907 — 公元 960 年）
纸高 7.6 厘米、全卷长 210.7 厘米
浙江省博物馆收藏

Five dynasties period(AD 907 — AD 960)
Paper height 7.6cm, Length of scroll 210.7 cm
Zhejiang Provincial Museum

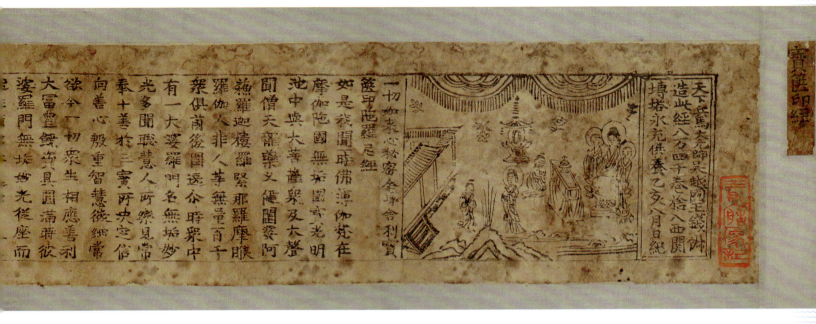

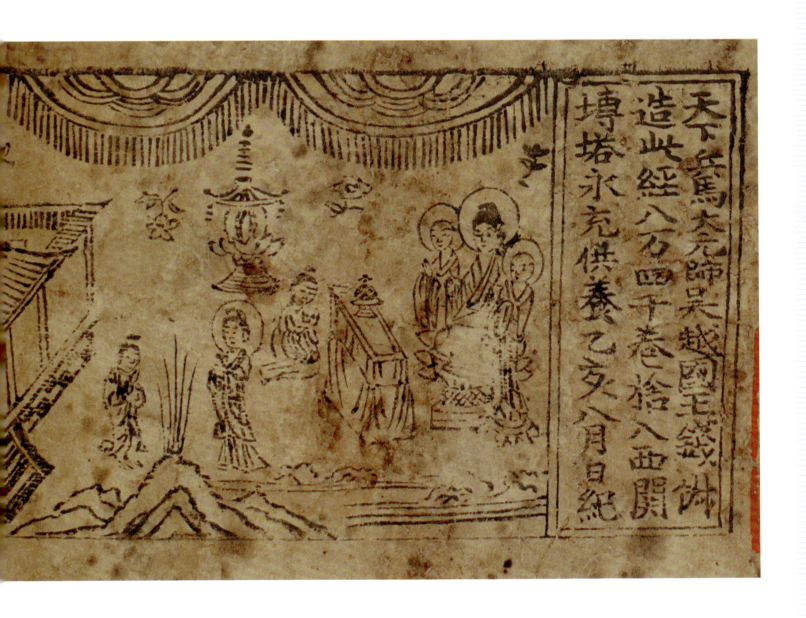

爾時五百万億諸梵天王與宮殿俱各以衣
祴盛諸天華共詣下方推尋是相見大通智
勝如求霑于道場菩提樹下坐師子座諸天
龍王乹闥婆緊那羅摩睺羅伽人非人等
恭敬圍遶及見十六王子請佛轉法輪時諸
梵天王頭面礼佛遶百千匝即以天華而散
佛上所散之華如須彌山并以供養佛菩提
樹華供養已各以宮殿奉上彼佛而作是言
唯見哀愍饒益我等所獻宮殿願垂納處
時諸梵天王即於佛前一心同聲以偈頌曰
善哉見諸佛救世之聖尊能於三界獄勉出諸眾生
普智天人尊哀愍群萌類能開甘露門廣度於一切
於昔無量劫空過無有佛世尊未出時十方常暗瞑
三惡道增長　阿脩羅亦盛　諸天眾轉減　死多惒惡道

刻本《妙法莲华经》
Lotus Sutra, block-printed

唐 — 五代（公元 618 — 公元 960 年）
纸纵 28 厘米、横 54.5 厘米
温州龙泉东大寺东西二塔出土
浙江省博物馆收藏

Tang Dynasty — Five dynasties period(AD 618 — AD 960)
Paper height 28cm, Length 54.5 cm
Unearthed in one of the east and west pagodas in Dongda Temple in Longquan, Wenzhou
Zhejiang Provincial Museum

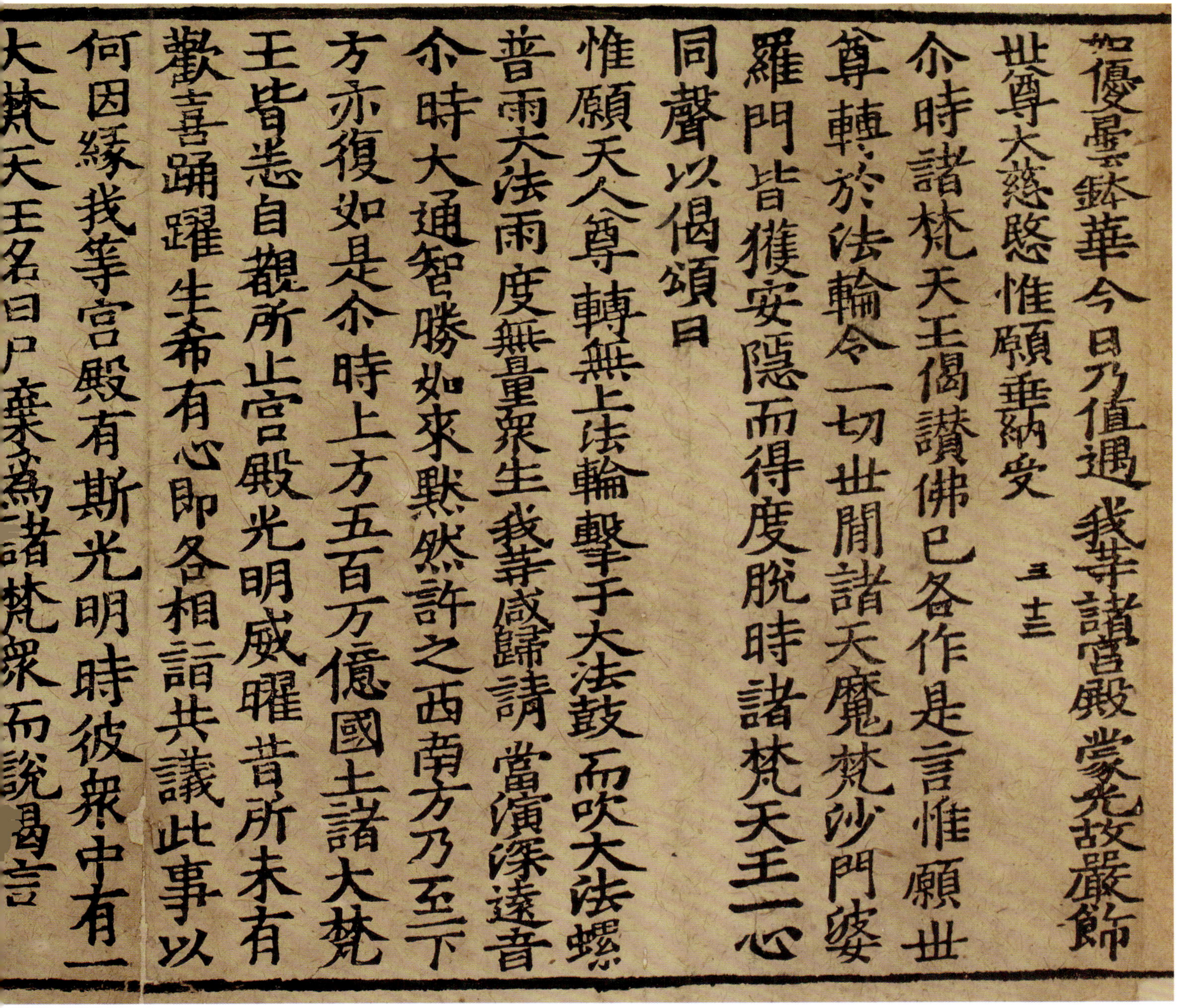

如優曇鉢華　今日乃值遇　我等諸宮殿　蒙光故嚴飾

世尊大慈愍　惟願垂納受

介時諸梵天王偈讚佛已各作是言惟願世

尊轉於法輪令一切世間諸天魔梵沙門婆

羅門皆獲安隱而得度脫時諸梵天王一心

同聲以偈頌曰

惟願天人尊　轉無上法輪　擊于大法鼓　而吹大法螺

普雨大法雨　度無量眾生　我等咸歸請　當演深遠音

介時大通智勝如來默然許之又西南方乃至下

方亦復如是介時上方五百万億國土諸大梵

王皆悉自覩所止宮殿光明威曜昔所未有

歡喜踊躍生希有心即各相詣共議此事以

何因緣我等宮殿有斯光明時彼眾中有一

大梵天王名曰尸棄為諸梵眾而說偈言

海上丝绸之路至宋元时期步入鼎盛。随着全国经济重心的南移、航海技术的突飞猛进及世界各地文明的发展进步，更多航线被开辟出来。大规模的国际性商贸活动，使得海外商品的数量与种类均空前丰富。

Maritime Silk Road entered into its heydays during Song and Yuan Dynasties. With the southward shift of the nation's economic center, the rapid progress of navigation skills, and the development of civilizations all over the world, more sea routes were opened.Extensive international trades brought in an unprecedented level of diversity of overseas goods.

环中国海主要沉船位置分布图

沈阳 •
北京 图
天津 •
丹东 •
平壤 •
首尔 •
绥中 •

三道岗沉船
年代：元
发现时间：1991年

渤 海

济南 •

蓬莱

蓬莱一号(战船)
年代：明
发现时间：1984年

黄 海

光州 •

新安沉船
年代：元
发现时间：1975年

济州岛

长崎 •

元代战舰遗址
年代：元
发现时间：1974年

南京 •
上海 •
杭州 •
宁波 •

象山沉船
年代：清
发现时间：2008年

东 海

白礁一号
年代：北宋
发现时间：1990年

白礁二号
年代：明末清初
发现时间：1995年

连江
福州 •
平潭

钓鱼岛
赤尾屿

碗礁一号
年代：清
发现时间：2005年

碗礁二号
年代：明末
发现时间：2008年

泉州 •
台北 •

漳州 •

台湾岛

将军一号
年代：清中期
发现时间：1995年

后渚沉船
年代：宋
发现时间：1973年

南宁 •

广州 •

冬古湾郑成功战船
年代：明
发现时间：2000年

新会 •
阳江

香港 •
澳门 •

崹门沉船(战船)
年代：宋末
发现时间：1991年

东沙沉船遗址
年代：宋
发现时间：1936年

海口 •
文昌

湾

宝陵港沉船
年代：清
发现时间：1987年

南海一号
年代：南宋
发现时间：1989年
2007年打捞出水

吕宋岛

太 平 洋

北礁一号
年代：清
发现时间：1998年

华光礁一号
年代：南宋
发现时间：1998年

北礁三号
年代：明末清初
发现时间：1998年

黄岩岛

马尼拉 •

"圣迭戈"号沉船(西班牙)
年代：明
发现时间：1994年

南

郑和群礁

南沙沉船遗址
年代：六朝—清
发现时间：1992、1995年

巴拉望岛

皇家舰长号(荷兰)
年代：清
发现时间：1985年

海

近年来蓬勃发展的国家水下考古，不但填补了我国探寻海洋文化宝藏的空白，也为我们揭示了更多古老海道上沉没船舶的前世今生。它们是复活的传奇，也是那段历史的见证者和讲述者。

海舶纹菱花镜 此件展品是为了展示铜镜上的宋金时期的船舶形象，应归于之前的福船、广船等的各类船型部分。

海舶纹菱花铜镜
Bronze mirror decorated with a sea vessel

金代（公元 1115 — 公元 1234 年）
直径 18.5 厘米，重 792 克
中国航海博物馆收藏

Jin Dynasty(AD 1115 — AD 1234)
Diameter 18.5 cm, weight 792 g
China Maritime Museum

南海一号　为南宋木质古沉船，1987 年发现于广东阳江市东平港以南约 20 海里处，船体保存较为完好，木质仍坚硬如新。船上货品以瓷器为主，包括福建德化窑、景德镇窑系、龙泉窑系等，多数完好无损。金属类文物包括金手镯、金腰带、金戒指、铁锅、铜环、铜珠等。据推测，这艘古船曾赴新加坡、印度等东南亚或中东地区进行海外贸易。"南海一号"为研究我国古代造船工艺、航海技术、海上丝绸之路、陶瓷史等课题提供了珍贵的标本和信息。

鎏金腰带
Gilded belt

南宋（公元 1127 — 公元 1279 年）
长 170 厘米
南海一号出水
广东省博物馆收藏

Southern Song dynasty(AD 1127 — AD 1279)
Length 170 cm
Retrieved from the wreck of Nanhai No.1
Guangdong Museum

锡壶
Tin pot

南宋（公元 1127 — 公元 1279 年）
通高 16 厘米、口径 6.4 厘米、底径 17 厘米
南海一号出水
广东省博物馆收藏

Southern Song Dynasty(AD 1127 — AD 1279)
Height 16 cm, Diameter of opening 6.4 cm, Diameter of base 17 cm
Retrieved from the wreck of Nanhai No.1
Guangdong Museum

景德镇窑青白釉刻花出筋菊瓣
斗笠碗
ingdezhen-Kiln greenish-white-glazed
Douli(Chinese bamboo hat) shaped bowl
with incised design and chrysanthemum
petals

南宋（公元 1127 — 公元 1279 年）
高 5.1 厘米、口径 12.3 厘米、底径 3.8 厘米
南海一号出水
广东海上丝绸之路博物馆收藏

Southern Song Dynasty(AD 1127 — AD 1279)
Height 5.1 cm, Diameter of opening 12.3 cm, Diameter of
base 3.8 cm
Retrieved from the wreck of Nanhai No.1
Maritime Silk Road Museum of Guangdong

景德镇窑青白釉印花葵口碟
Jingdezhen-Kiln greenish-white-glazed dish
with sunflower-shaped rim

南宋（公元 1127 — 公元 1279 年）
高 3.4 厘米、口径 13.7 厘米、底径 3.6 厘米
南海一号出水
广东海上丝绸之路博物馆收藏

Southern Song Dynasty(AD 1127 — AD 1279)
Height 3.4 cm, Diameter of opening13.7 cm, Diameter of
base 3.6 cm
Retrieved from the wreck of Nanhai No.1
Maritime Silk Road Museum of Guangdong

德化窑白釉印花粉盒
Dehua-Kiln white-glazed make-up case

南宋（公元 1127 — 公元 1279 年）
高 4.2 厘米、直径 10.2 厘米、底径 8.4 厘米
南海一号出水
广东海上丝绸之路博物馆收藏

Southern Song Dynasty(AD 1127 — AD 1279)
Height 4.2 cm, Diameter 10.2 cm, Diameter of base 8.4 cm
Retrieved from the wreck of Nanhai No.1
Maritime Silk Road Museum of Guangdong

德化窑白釉刻划花大碗
Dehua-Kiln large white-glazed bowl with incised floral design

南宋（公元 1127 — 公元 1279 年）
高 8 厘米、口径 32 厘米、底径 9.5 厘米
南海一号出水
广东海上丝绸之路博物馆收藏

Southern Song Dynasty(AD 1127 — AD 1279)
Height 8 cm, Diameter of opening 32 cm, Diameter of base 9.5 cm
Retrieved from the wreck of Nanhai No.1
Maritime Silk Road Museum of Guangdong

磁灶窑绿釉印花碟
Cizao-Kiln green-glazed dish

南宋（公元 1127 — 公元 1279 年）
高 1.7 厘米、口径 8.3 厘米、底径 5.8 厘米
南海一号出水
广东海上丝绸之路博物馆收藏

Southern Song Dynasty(AD 1127 — AD 1279)
Height 1.7 cm, Diameter of opening 8.3 cm, Diameter of
base 5.8 cm
Retrieved from the wreck of Nanhai No.1
Maritime Silk Road Museum of Guangdong

义窑青釉刻划花碗
Yi-Kiln celadon-glazed bowl with incised floral design

南宋（公元 1127 — 公元 1279 年）
高 6.6 厘米、口径 18.2 厘米、底径 6.2 厘米
南海一号出水
广东海上丝绸之路博物馆收藏

Southern Song Dynasty(AD 1127 — AD 1279)
Height 6.6 cm, Diameter of opening 18.2 cm, Diameter of base 6.2 cm
Retrieved from the wreck of Nanhai No.1
Maritime Silk Road Museum of Guangdong

龙泉窑青釉刻划花纹碗

Longquan-Kiln celadon-glazed bowl with incised floral design

南宋（公元 1127 — 公元 1279 年）
高 6.9 厘米、口径 16.2 厘米、底径 5.5 厘米
南海一号出水
广东海上丝绸之路博物馆收藏

Southern Song Dynasty(AD 1127 — AD 1279)
Height 6.9 cm, Diameter of opening 16.2 cm, Diameter of base 5.5 cm
Retrieved from the wreck of Nanhai No.1
Maritime Silk Road Museum of Guangdong

华光礁 1 号　是一艘南宋古沉船，位于西沙群岛海域华光礁环礁内侧，是中国在远洋海域发现的第一艘古代船体，于 1996 年被中国渔民发现。"华光礁 1 号"沉船船体保存比较完整，船体残长约 19 米，为福船造型。1998 — 2007 年，中国国家博物馆和海南省文体厅共同组建了西沙考古工作队，共发掘出水下古陶瓷近万件，其产地主要为福建和江西景德镇。这也是中国首次大规模远海水下考古的开篇之举。

青釉刻划花纹大碗
Large celadon-glazed bowl

南宋（公元 1127 — 公元 1279 年）
高 6.4 厘米、口径 25.6 厘米、足径 7.4 厘米
西沙华光礁出水
海南省博物馆收藏

Southern Song Dynasty(AD 1127 — AD 1279)
Height 6.4 cm, Diameter of opening 25.6 cm, Diameter of base 7.4 cm
Retrieved from Huaguang Reef , Xisha Islands
Hainan Provincial Museum

青釉刻划纹 "吉" 字大碗
Large celadon-glazed bowl with incised character ji

南宋（公元 1127 — 公元 1279 年）
高 6.2 厘米、口径 23.5 厘米、足径 8 厘米
西沙华光礁出水
海南省博物馆收藏

Southern Song Dynasty(AD 1127 — AD 1279)
Height 6.2 cm, Diameter of opening23.5 cm, Diameter of base 8 cm
Retrieved from Huaguang Reef , Xisha Islands
Hainan Provincial Museum

青白釉刻划花弦纹执壶
Greenish-white-glazed ewer with incised strings and other patterns

南宋（公元 1127 — 公元 1279 年）
高 19.4 厘米、口径 7 厘米、足径 7 厘米
西沙华光礁出水
海南省博物馆收藏

Southern Song Dynasty(AD 1127 — AD 1279)
Height19.4 cm, Diameter of opening7 cm, Diameter of base7 cm
Retrieved from Huaguang Reef , Xisha Islands
Hainan Provincial Museum

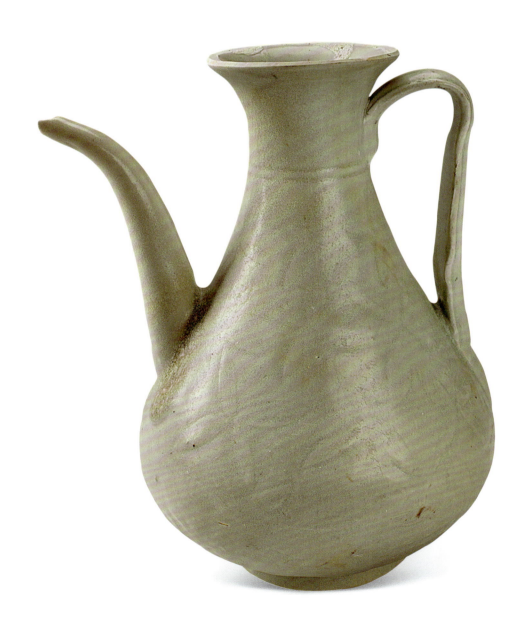

青白釉刻划花纹执壶
Greenish-white-glazed ewer with incised floral design

南宋（公元 1127 — 公元 1279 年）
高 22.8 厘米、口径 7.8 厘米、足径 8.5 厘米
西沙华光礁出水
海南省博物馆收藏

Southern Song Dynasty(AD 1127-AD 1279)
Height 22.8 cm, Diameter of opening 7.8 cm, Diameter of base 8.5 cm
Retrieved from Huaguang Reef , Xisha Islands
Hainan Provincial Museum

青白釉刻划花弦纹执壶

Greenish white-glazed ewer with incised strings and other patterns

南宋（公元 1127 — 公元 1279 年）
高 19.2 厘米、口径 11.5 厘米、足径 8 厘米
西沙华光礁出水
海南省博物馆收藏

Southern Song Dynasty(AD 1127 — AD 1279)
Height 19.2 cm, Diameter of opening 11.5 cm, Diameter of base 8 cm
Retrieved from Huaguang Reef , Xisha Islands
Hainan Provincial Museum

景德镇窑影青瓷碗
Jingdezhen kiln Yingqing(misty blue) porcelain bowl

宋代（公元 960 — 公元 1279 年）
高 7.6 厘米、口径 16.2 厘米、底径 5.3 厘米
象山港水域出水
浙江省博物馆收藏

Song dynasty(AD 960 — AD 1279)
Height 7.6 cm, Diameter of opening 16.2cm, Diameter of base 5.3 cm
Retrieved from Xinagshan port
Zhejiang Provincial Museum

青白釉葵口盘
Greenish-white-glazed plate with sunflower-shaped rim

南宋（公元 1127 — 公元 1279 年）
高 4 厘米、口径 17.7 厘米、足径 6.3 厘米
西沙华光礁出水
海南省博物馆收藏

Southern Song Dynasty(AD 1127 — AD 1279)
Height 4 cm, Diameter of opening 17.7 cm, Diameter of base 6.3 cm
Retrieved from Huaguang Reef , Xisha Islands
Hainan Provincial Museum

黑釉盏
Black-glazed bowl

宋代（公元 960 — 公元 1279 年）
高 4.5 厘米、口径 10.22 厘米、足径 3.18 厘米
连江定海村出水
连江县博物馆收藏

Song Dynasty(AD 960 — AD 1279)
Height 4.5 cm, Diameter of opening 10.22 cm, Diameter
of base 3.18 cm
Retrieved from Dinghai, Lianjiang
Lianjiang Museum

箕形端砚
Ji-shaped(dustpan-shaped) Duan inkstone

南宋（公元 1127 — 公元 1279 年）
高 2.43 厘米、长 14.64 厘米、宽 8.02 — 9.44 厘米
连江定海村出水
连江县博物馆收藏
平面高梯形，端石刻制箕形，灰色，砚堂为一斜面，
砚底内凹，边有足墙，底墨书"聲器"二字。

Southern Song Dynasty(AD 1127 — AD 1279)
Height 2.43 cm, Length 14.64 cm, Width 8.02 — 9.44 cm
Retrieved from Dinghai, Lianjiang
Lianjiang Museum

青釉印花纹碗
Celadon-glazed bowl

南宋 — 元（公元 1127 — 公元 1368 年）
高 6.5 厘米、口径 16.8 厘米、底径 6.3 厘米
漳浦县古雷镇杏仔村出水
漳浦县博物馆收藏

Southern Song Dynasty — Yuan Dynasty(AD 1127 — AD 1368)
Height 6.5 cm, Diameter of opening 16.8 cm, Diameter of base 6.3 cm
Retrieved from underwater in Xingzai, Gulei, Zhangpu
Zhangpu Museum

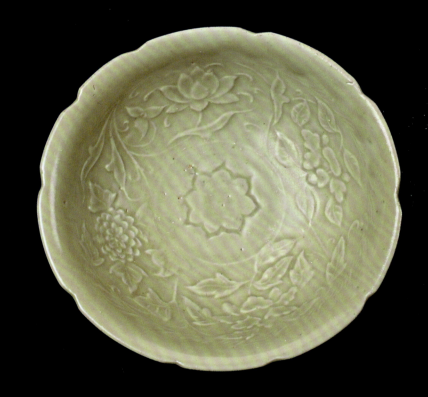

青釉印花纹碗
Celadon-glazed bowl

瓷器不但是中国享誉世界的伟大创举，也是海上丝绸之路最重要的出口商品之一，因而也有人将"海上丝绸之路"称为"海上陶瓷之路"。瓷器于造型、纹饰、工艺中融入中国的审美意趣和人文内涵，更以其美观、耐用而广受东西方国度的青睐。

越窑青釉粉盒
Yue-Kiln celadon-glazed make-up case

宋代（公元 960 — 公元 1279 年）
高 5.2 厘米、口径 13.5 厘米、底径 10.5 厘米
浙江省博物馆收藏

Song Dynasty(AD 960 — AD 1279)
Height 5.2 cm, Diameter of opening 13.5 cm, Diameter of base 10.5 cm
Zhejiang Provincial Museum

越窑青釉粉盒
Yue-Kiln celadon-glazed make-up case

北宋（公元 960 — 公元 1127 年）
高 6.2 厘米、直径 15.9 厘米、子口径 14 厘米
上虞市丰惠镇前湖村罗鱼山砖室墓出土
上虞博物馆收藏
器物呈扁圆形，平盖微鼓，子母口，平底。盖面刻划
四组对称荷叶纹，外底划"Ψ"符号，并有 10 颗泥点痕。
器形规整，制作精良，通体施青黄色釉，釉色滋润光洁。

Northern Song Dynasty(AD 960 — AD 1127)
Height 6.2 cm, diameter 15.9 cm, Diameter of inner
protruding part of lid 14 cm
Unearthed in the brick tomb chamber at Luoyu Hill in
Qianhu, Fenghui, Shangyu
Shangyu Museum

龙泉窑青釉执壶
Longquan-Kiln celadon-glazed ewer

北宋（公元 960 — 公元 1127 年）
高 16.6 厘米、口径 7.7 厘米、底径 7 厘米
浙江省博物馆收藏

Northern Song Dynasty(AD 960 — AD 1127)
Height 16.6 cm, Diameter of opening 7.7 cm, Diameter of
base 7 cm
Zhejiang Provincial Museum

龙泉窑青釉碗
Longquan-Kiln celadon-glazed bowl

南宋（公元 1127 — 公元 1279 年）
高 7 厘米、口径 15.6 厘米、底径 5.1 厘米
浙江省博物馆收藏

Southern Song Dynasty(AD 1127 — AD 1279)
Height 7 cm, Diameter of opening 15.6 cm, Diameter of
base 5.1 cm
Zhejiang Provincial Museum

龙泉窑粉青釉模印菊花纹碗
Longquan-Kiln bluish-green-glazed bowl with imprinted chrysanthemum design

元代（公元 1271 — 1368 年）
高 7.1 厘米、口径 16.4 厘米、足径 6.2 厘米
洞头港湾附近窖藏出土
洞头县文物保护所收藏

Yuan Dynasty(AD 1271 — AD 1368)
Height 7.1 cm, Diameter of opening 16.4 cm, Diameter of base 6.2 cm
Unearthed in a cellar near Dongtou Bay
Dongtou Cultural Relics Management Committee

龙泉窑粉青釉模印菊花纹高足杯

Longquan-Kiln bluish-green-glazed cup with a high stem and imprinted chrysanthemum design

元代（公元 1271 — 公元 1368 年）
高 9.3 厘米、口径 13 厘米、足径 4.3 厘米
洞头港湾附近窖藏出土
洞头县文物保护所收藏

Yuan Dynasty (AD 1271-AD 1368)
Height 9.3 cm, Diameter of opening 13 cm, Diameter of base 4.3 cm
Unearthed in a cellar near Dongtou Bay
Dongtou Cultural Relics Management Committee

青白釉印花双凤纹斗笠碗
Greenish-white-glazed Douli(Chinese bamboo hat)- shaped bowl with incised twin phoenixes

元代（公元 1271 — 公元 1368 年）
高 5.7 厘米、口径 17 厘米、底径 3.3 厘米
江西省博物馆收藏
碗呈斗笠形，敞口，斜腹，饼足。外壁光素无纹，内壁模印一周回纹，内印双凤纹。双凤体态修长，凤首披长翎，凤翅伸张，尾羽飞舞。双凤之间以一折枝花卉相隔，印纹清晰工整。施青白釉，釉质细腻润泽，釉层薄匀。饼足露胎，胎体细薄坚致。

Yuan Dynasty(AD 1271 — AD 1368)
Height 5.7 cm, Diameter of opening 17 cm, Diameter of base 3.3 cm
Jiangxi Provincial Museum

西村窑青釉刻划花卉纹大盘
Xicun-Kiln celadon-glazed plate with incised floral design

北宋（公元 960 — 公元 1127 年）
高 7.3 厘米、口径 33 厘米、底径 9 厘米
广州博物馆收藏

Northern Song Dynasty(AD 960 — AD 1127)
Height 7.3 cm, Diameter of opening 33 cm, Diameter of base 9 cm
Guangzhou Museum

青白釉瓜棱执壶
Greenish-white-glazed melon-shaped ewer

北宋（公元 960 — 公元 1127 年）
高 18.5 厘米、口径 6.1 厘米、底径 7 厘米
潮州笔架山窑出土
广东省博物馆收藏

Northern Song Dynasty(AD 960 — AD 1127)
Height 18.5 cm, Diameter of opening 6.1 cm, Diameter of
base 7 cm
Unearthed at the kiln on Bijia Mountain in Chaozhou
Guangdong Museum

潮州窑青釉鸳鸯形器
Chaozhou-kiln celadon-glazed vessel shaped like two mandarin ducks

南宋（公元 1127 — 公元 1279 年）
高 3.8 厘米、口径 11.5 厘米、底径 5.4 厘米
琼海市博物馆收藏

Southern Song Dynasty(AD 1127 — AD 1279)
Height3.8 cm, Diameter of opening11.5 cm, Diameter of base 5.4 cm
Qionghai Municipal Museum

青白釉花口瓶
Greenish-white-glazed vase with flower-shaped opening

南宋（公元 1127 — 公元 1279 年）
高 26.4 厘米、口径 11 厘米、底径 7.8 厘米
碗坪仓窑址出土
德化县陶瓷博物馆收藏
胎灰白质坚，青白釉泛灰，底露胎。荷叶形口，粗长颈，溜肩，鼓长腹，下部内收，矮圈足。颈部上下、腹部上下分别饰三道弦纹，颈部刻划云涡纹，线条流畅，青白釉淡雅。施釉均匀，局部有冰裂纹。

Southern Song Dynasty(AD 1127 — AD 1279)
Height 26.4 cm, Diameter of opening 11 cm, Diameter of base 7.8 cm
Unearthed at the site in Wanpinglun Kiln
Dehua Ceramics Museum

白釉粉盒
White-glazed make-up case

元代（公元 1271 — 公元 1368 年）
高 7.4 厘米、口径 13.2 厘米、底径 10.6 厘米
德化县陶瓷博物馆收藏
胎质灰白，坚质，釉呈灰黄色，胎釉结合紧密，口沿
及器底露胎。子母扣，盒盖向上鼓起，下收，口沿稍
厚，斜壁，平底微凹。盒盖中央模印以钱形四瓣花卉，
其周围为草叶纹圈带及卷云纹图案。盒底模印卷云纹
与盒面相互呼应，底心向上，稍凸起。该器品相完好，
与大英博物馆收藏的一件粉盒，不论大小和纹饰均相
似，为典型的元代外销瓷之一。

Yuan Dynasty(AD 1271 — AD 1368)
Height 7.4 cm, Diameter of opening 13.2 cm, Diameter of
base 10.6 cm
Dehua Ceramics Museum

磁灶窑绿釉军持
**Cizao-Kiln green-glazed Kundika
(water vessel)**

元代（公元 1271 — 公元 1368 年）
高 16.5 厘米、口径 5.9 厘米、底径 7 厘米
泉州市博物馆收藏

Yuan Dynasty(AD 1271 — AD 1368)
Height 16.5 cm, Diameter of opening 5.9 cm, Diameter of
base 7 cm
Quanzhou Museum

青白釉划花花口瓶
Greenish-white-glazed vase with incised design and flower-shaped opening

宋代（公元 960 — 公元 1279 年）
高 17.3 厘米、口径 10.5 厘米、底径 6.9 厘米
泉州市博物馆收藏

Song Dynasty(AD 960 — AD 1279)
Height 17.3 cm, Diameter of opening 10.5 cm, Diameter of base 6.9 cm
Quanzhou Museum

中和窑影青模印摩羯水波纹碗
Zhonghe-Kiln greenish- white-glazed bowl with imprinted makara fish and wave design

宋代（公元 960 — 公元 1279 年）
高 4.1 厘米、口径 13 厘米、足径 3.7 厘米
藤县中和窑址出土
广西壮族自治区博物馆收藏

Song Dynasty(AD 960 — AD 1279)
Height 4.1 cm, Diameter of opening 13 cm, Diameter of base 3.7 cm
Unearthed at the site of Zhonghe Kiln in Teng County
Museum of Guangxi Zhuang Autonomous Region

中和窑摩羯水波纹碗模
Mold for the Zhonghe-Kiln bowl with makara fish and Wave design

宋代（公元 960 — 公元 1279 年）
通高 6.4 厘米、面径 13 厘米、柄长 4.5 厘米
藤县中和窑址出土
广西壮族自治区博物馆收藏

Song Dynasty(AD 960 — AD 1279)
Height 6.4 cm Diameter 13 cm, Hilt Length 4.5 cm
Unearthed at the site of Zhonghe Kiln in Teng County
Museum of Guangxi Zhuang Autonomous Region

中国沿海地区养桑种麻的传统由来已久。传统耕织经济模式的推动，使我国丝绸制品在质量和织造技术上都领先世界，其华丽的装饰和优良的质地，使丝绸更成为异国客商惊叹的东方商品。

褐色罗印花褶裥裙
Brown silk pleated skirt with printed patterns

南宋淳祐三年（公元 1243 年）
通长 78 厘米、通宽 158 厘米
福州黄昇墓出土
福建博物院收藏

Southern Song Dynasty(AD1243)
Length 78 cm ,Width 158 cm
Unearthed in the Tomb of Huang Sheng in Fuzhou
Fujian Museum

褐色罗镶彩绘花边广袖袍

Brown crocheted and broad-sleeved silk robe with Coloured patterns

南宋淳祐三年（公元 1243 年）
通长 120 厘米、通宽 182 厘米
福州黄昇墓出土
福建博物院收藏

Southern Song Dynasty(AD1243)
Length 120 cm, Width 182 cm
Unearthed in the Tomb of Huang Sheng in Fuzhou
Fujian Museum

褐色牡丹纹印金彩绘花边罗无袖单衣
Brown crocheted and sleeveless peony-pattern silk shirt with A gilded hem

南宋淳祐三年（公元 1243 年）
衣长 77 厘米、腰宽 44 厘米、下摆宽 46 厘米
福州黄昇墓出土
福建博物院收藏

Southern Song Dynasty(AD1243)
Length 77 cm, Waist width 44 cm, Lower — hem width 46 cm
Unearthed in the Tomb of Huang Sheng in Fuzhou
Fujian Museum

凤纹织金锦
Gold-thread-woven brocade with phoenix design

元代（公元 1271 — 公元 1368 年）
长 30.5 厘米、宽 7 厘米
中国丝绸博物馆收藏

Yuan Dynasty(AD1271 — AD 1368)
Length 30.5 cm, Width 7 cm
China National Silk Museum

《蚕母》套色木刻版画
Silkworm Goddess, colored wood engraving block

北宋（公元 960 — 公元 1127 年）
残存纵 21 厘米、横 19 厘米
温州龙湾区皇岙村北宋国安寺石塔出土
温州博物馆收藏
阳文刻版，以浓墨、淡墨、朱红及浅绿色套印而成。左上方长方框内直书"蚕母"二字。
左侧为蚕母立像，造型丰满，神态悠然，衣纹飘逸。妆饰类似于唐五代妇女，线条流畅，
显示出娴熟的刻版刀法技巧。右侧蚕茧满筐，筐外和筐壁饰圆珠纹、重瓣莲花、束花等。
画面下方有荷花、宝相花图案。

Northern Song Dynasty(AD 960 — AD 1127)
Height 21 cm, Width 19 cm
Unearthed in Guo'an Temple in Huang"ao(Longwan)Wenzhou
Wenzhou Museum

在各类进口商品中，以香料所占最
为大宗，海上丝绸之路也有"香料
之路"的美誉。中国的熏香传统渊
源悠久，而进口的大量香料更是丰
富了香文化的内涵。各类香料除有
药用功能外，其散发的香氲之气还
引领了当时雅致的生活风尚。在一
些宗教仪式或重要活动中，香料更
是被大量使用。

香草纹银瓶
Silver vase with vine pattern

南宋（公元 1127 — 公元 1279 年）
高 21.5 厘米、口径 4 厘米、底径 5.5 厘米
南京江浦黄悦岭南宋张同之墓出土
南京市博物馆收藏
银质，有盖，盖平顶呈喇叭状。盘口，短颈，丰肩，
肩以下渐收腹至底足，圈足。瓶体修长，比例匀称，
整个器形与同时代瓷梅瓶极为相似。盖顶刻香草纹，
缠枝相绕，在中心形成一结。盖身压印蔓状香草纹并
錾以珍珠地纹，盘口外刻一圈云雷纹，肩部錾刻凹香
草纹一周和弦纹一道。瓶身压印蔓状香草纹，錾以珍
珠地纹。

Southern Song Dynasty(AD 1127 — AD 1279)
Height 21.5 cm, Diameter of opening 4 cm, Diameter of
base 5.5 cm
Unearthed in the tomb of Zhang Tongzhi at Huangyueling
in Jiangpu, Nanjing
Nanjing Municipal Museum

金镯
Gold bracelets

元代（公元 1271 — 公元 1368 年）
外径 8.4 厘米、内径 7.6 厘米，重 609.7 克
苏州曹氏墓出土
苏州博物馆收藏
金镯一对，呈椭圆形。镯两端为龙首，以圆珠连接成龙身。其中一端龙首的嘴部连着一颗金球，形成双龙戏珠之势，别具一格。

Yuan Dynasty(AD 1271 — AD 1368)
Diameter of outer 8.4 cm, Diameter of inner 7.6 cm,
Weight 609.7 g
Unearthed in Cao's tomb
Suzhou Museum

鎏金双凤纹银香盒
Gilded silver fragrance case decorated with twin phoenixes

北宋（公元 960 — 公元 1127 年）
通高 4.6 厘米、腹径 5.4 厘米
南京中华门外长干寺地宫出土
南京市博物馆收藏
银质，鎏金，圆形。盖顶呈圆弧状，上刻凤凰及花卉图案。盒身圆形，素面，底平。盒盖与盒身以子母口相扣。

Northern Song Dynasty(AD 960 — AD 1127)
Height 4.6 cm, Diameter of belly 5.4 cm
Unearthed in the underground chamber of Changgan outside Zhonghua Gate of Nanjing
Nanjing Municipal Museum

漆器 中国用漆历史可以追溯至距今 7000 多年的浙江余姚河姆渡文化。中国漆器在汉代便传至东亚、东南亚、西亚等多地。宋代中国漆艺达到全新高度，并通过海路外传。日本除继承中国洒金、泥金等工艺外，又在镰仓时代模仿宋代雕漆创造出著名的"镰仓雕"。

三层漆盒
Three-tiered lacquerd case

南宋（公元 1127 — 公元 1279 年）
通高 13.9 厘米、最宽直径 10.5 厘米
福州茶园山宋墓出土
福州市博物馆收藏
木胎，正六边形三层盖盒，矮足。每层有子口，扣合严实。盒外表髹朱红漆八至九层以上。盖外壁一圈勾形云纹，盖面外圈十个、内圈五个勾云纹，中间为星形藻纹；盒外壁每层每面上下髹边饰，中间饰一圈相对的如意云纹和勾云纹；盖内及层盒内底银褐色漆；子口为黑色漆；盒底、层底内为黑漆。器表朱漆颜色部分呈灰白色雾翳，盒内银褐漆较干涩无亮光。

Southern Song Dynasty(AD 1127 — AD 1279)
Height 13.9 cm, Diameter 10.5 cm
Unearthed in a tomb on Chayuan Mountain in Fuzhou
Fuzhou Museum

圆漆盒
Round lacquered case

南宋（公元 1127 — 公元 1279 年）
通高 5.5 厘米、直径 15 厘米
福州茶园山宋墓出土
福州市博物馆收藏
木胎，单层圆形盖盒。盖面周围饰有如意纹六个，中间饰一对灵芝纹，盒身饰六组垂芝纹，盒表面内红、橙色漆八层，镂刻成以上各种纹饰。盒内及盒底髹黑色漆，经脱水处理后，可见缩漆现象，有多处黑色漆缩漆的自然突起，盒盖表面出现很多麻点突起，表面尚保持光亮。

Southern Song Dynasty(AD 1127 — AD 1279)
Height 5.5 cm, Diameter 15 cm
Unearthed in a tomb on Chayuan Mountain in Fuzhou
Fuzhou Museum

花瓣式漆碗
Flower-shaped lacquered bowl

北宋（公元 960 — 公元 1127 年）
高 8.6 厘米、口径 16.8 厘米、足径 8 厘米
温州市区百里坊工地出土
温州博物馆收藏
六瓣花瓣形，侈口，深弧腹，高圈足，平底。腹部与
花瓣口对应处饰棱线六道。外壁髹黑漆，内壁髹朱红
漆。外底红外线下清晰可见"温州都监衙头甘家上牢"
十字。

Northern Song Dynasty(AD 960 — AD 1127)
Height 8.6 cm, Diameter of opening 16.8 cm, Diameter of
base 8 cm
Unearthed at the construction site in Bailifang in the urban
area of Wenzhou
Wenzhou Museum

花瓣式朱漆碟
Flower-shaped red lacquerd dish

北宋（公元 960 — 公元 1127 年）
高 3 厘米、口径 13.1 厘米、足径 7.2 厘米
温州市区百里坊工地出土
温州博物馆收藏
八瓣花瓣形，敞口，浅腹，圈足，平底。腹部与花瓣口对应处饰棱线八道。
除外底外通体髹朱红漆，外底髹黑漆。

Northern Song Dynasty(AD 960 — AD 1127)
Height 3 cm, Diameter of opening 13.1 cm, Diameter of base 7.2 cm
Unearthed at the construction site in Bailifang in the urban area of Wenzhou
Wenzhou Museum

黑漆嵌钿亭台人物纹盒
**Black lacquerd case with metal inlaid image of buildings
and figures**

元代（公元 1271 — 公元 1368 年）
高 5.5 厘米、长 27 厘米、宽 19.5 厘米
青岛市博物馆收藏

Yuan Dynasty(AD 1271 — AD 1368)
Height 5.5 cm, Length 27 cm, Width 19.5 cm
Qingdao Municipal Museum

中国的货币体系曾经对东亚、东南亚贸易圈产生巨大影响。宋代金银、铜钱通过海商携带大量输往海外，成为当地通行的兑换方式，远至印度、阿拉伯等地区都曾发现中国古钱的身影。

银锭
Silver ingot

宋代（公元 960 — 公元 1279 年）
长 16.5 厘米、宽 8.4 厘米，重 1925 克
建阳水吉出土
福建博物院收藏

Song Dynasty(AD 960 — AD 1279)
Length 16.5 cm, Width 8.4 cm, weight 1,925 g
Unearthed in Shuiji, Jianyang
Fujian Museum

铜权
Bronze weight

元至元二十三年（公元 1286 年）
高 8.79 厘米、直径 4.87 厘米、底径 4.6 厘米
连江县博物馆收藏
青铜铸造，梨形，上有桥形纽，下有半球形底座，平底。一面为阳文反书楷体"八十四"，另一面为阳文楷体"至元廿三年造"。

The 23rd year of Zhiyuan period during the Yuan Dynasty(AD1286)
Height 8.79 cm, Diameter 4.87 cm, Diameter of base 4.6 cm
Lianjiang Museum

胡人陶俑
Hu-people pottery figurine

元代（公元 1271 — 公元 1368 年）
高 30 厘米
济南祝甸出土
山东博物馆收藏

Yuan Dynasty(AD 1271 — AD 1368)
Height 30 cm
Unearthed in Zhudian, Jinan
Shandong Museum

建阳水吉考古发掘现场及龙窑遗址

宋代饮茶之风蔚然兴起。在福建地区，作为皇家贡茶的北苑茶与"闻声宇内"的黑釉盏珠联璧合，促成了斗茶风俗的兴盛。茶叶逐渐成为中国最重要的外销商品之一，同时茶文化也以其独特的魅力影响了日本等周边国家。

建窑黑釉酱斑碗
Jian-Kiln black-glazed bowl with brown spots

宋代（公元 960 — 公元 1279 年）
高 6 厘米、口径 12.4 厘米、足径 3.9 厘米
建阳市水吉大路后门窑出土
福建博物院收藏
束口，沿外撇，内沿下有一道凸边，斜腹，圈足。内壁施黑釉酱色鹧鸪斑。外壁施黑釉，近底以下露褐胎。质地坚硬。

Song Dynasty(AD 960 — AD 1279)
Height 6 cm, Diameter of opening 12.4 cm, Diameter of base 3.9 cm
Unearthed at Houmen kiln site on Shuiji Road in Jianyang
Fujian Museum

建窑黑釉黄兔毫盏
Jian-Kiln Black-glazed Temmoku(yellow hare-fur-liked streaks) bowl

宋代（公元 960 — 公元 1279 年）
高 6 厘米、口径 12.2 厘米、足径 4 厘米
福建博物院收藏

Song Dynasty(AD 960 — AD 1279)
Height 6 cm, Diameter of opening 12.2 cm, Diameter of base 4 cm
Fujian Museum

青白釉莲瓣纹盏托

Greenish-white-glazed teacup and tray with lotus-petal design

宋代（公元 960 — 公元 1279 年）
盏高 5.7 厘米、口径 6.2 厘米、底径 3.1 厘米；托高
5 厘米、口径 13.5 厘米、底径 6.3 厘米
中国茶叶博物馆收藏

Song Dynasty(AD 960 — AD 1279)
Cup: Height 5.7 cm, Diameter of opening 6.2 cm,
Diameter of base 3.1 cm
Tray: Height 5 cm, Diameter of opening 13.5 cm,
Diameter of base 6.3 cm
China National Tea Museum

七里窑酱釉柳斗罐

Qili-Kiln brown-glazed Liudou(Chinese container made of willow twig)-liked jars

宋代（公元 960 — 公元 1279 年）
高 8.8 厘米、口径 8.7 厘米、底径 4.4 厘米
中国茶叶博物馆收藏

Song Dynasty(AD 960 — AD 1279)
Height 8.8 cm, Diameter of opening 8.7 cm, Diameter of base 4.4 cm
China National Tea Museum

吉州窑褐釉剪纸贴花三凤纹碗

Jizhou-kiln brown-glazed bowl with three phoenixes

宋代（公元 960 — 公元 1279 年）
高 6.3 厘米、口径 16.8 厘米、底径 5.4 厘米
江西省博物馆收藏
饮茶器具。束口，浅腹，圈足，足墙较厚，微外撇。盏内壁窑变花釉上平衡分布三只飞凤绕盏心盘旋，凤冠高耸，长尾翻卷，展翅飞翔。构图简练，图案新颖，秀巧纤细。外壁为鹧鸪纹黑釉，施釉不及底，胎色灰白中泛黄。此盏是存世体量最大者。吉州窑凤纹多为双凤，三凤者较为少见。

Song Dynasty (AD 960 — AD 1279)
Height 6.3 cm, Diameter of opening 16.8 cm, Diameter of base 5.4 cm
Jiangxi Provincial Museum

吉州窑玳瑁碗
Jizhou-Kiln bowl with turtle shell-liked pattern

宋代（公元 960 — 公元 1279 年）
高 6.2 厘米、口径 15.6 厘米、底径 4.7 厘米
中国茶叶博物馆收藏

Song Dynasty(AD 960 — AD 1279)
Height 6.2 cm, Diameter of opening 15.6 cm, Diameter of base 4.7 cm
China National Tea Museum

汀溪窑青釉划花碗

Tingxi-Kiln celadon-glazed bowl with incised design

宋代（公元 960 — 公元 1279 年）
高 5 厘米、口径 12.8 厘米、底径 4.9 厘米
厦门市博物馆收藏

Song Dynasty(AD 960 — AD 1279)
Height 5 cm, Diameter of opening 12.8 cm, Diameter of base 4.9 cm
Xiamen Museum

陶茶碾
Pottery tea grinder

宋代（公元 960 — 公元 1279 年）
高 13 厘米、宽 30.7 厘米
中国茶叶博物馆收藏

Song Dynasty(AD 960 — AD 1279)
Height 13 cm, Width 30.7 cm
China National Tea Museum

宋元海上丝绸之路繁荣鼎盛并逐渐成为中国对外交流的最主要途径，越来越多来自不同文明世界的人们汇集到我国沿海地区。他们带来了各自的文化观念、宗教信仰、艺术风格，在这里以自己的方式贸易、生活，并逐步融入当地，绵延至今。

泉州九日山祈风石刻

舶司歲兩祈風于通遠王廟祀事訖
畢登山泛溪因為一日之歡遵熙戊申
夏四月會者六人林杍趙公週胡長卿
韓俊折和剛趙善采又十月會者五人
趙不遇胡長卿韓俊趙善采鄭頤孫
樂安蔣長生永伯陳宿謝仲銳軌
方吳興沈遵中行濟陽江幾伯
達京兆杜侄孟堅延陵吳煓元舛
元祐己巳仲秋晦日同遊延福寺

东峰石刻群

此处石刻是九日山现存最早的与市舶司有关的石刻，记录一年夏冬两次祈风仪典，是北宋泉州设置市舶司的确证。

阿育王塔 公元前 500 年左右，佛教创始人释迦牟尼涅槃后，其火化遗骨被分为八份，建塔安奉。公元前 250 年左右，孔雀王朝的阿育王统一印度，将八份舍利取出分装于八万四千（泛指）宝箧，以各种材质制作，送往各地供奉。此后，笃信佛教的吴越王钱俶仿效其故事，同样铸造各类阿育王式佛塔。

七宝阿育王塔

南京长干寺地宫出土

长干寺地宫位于南京，与明代金陵大报恩寺原址并存，2008 年经考古发掘惊现国内最大的七宝阿育王塔。

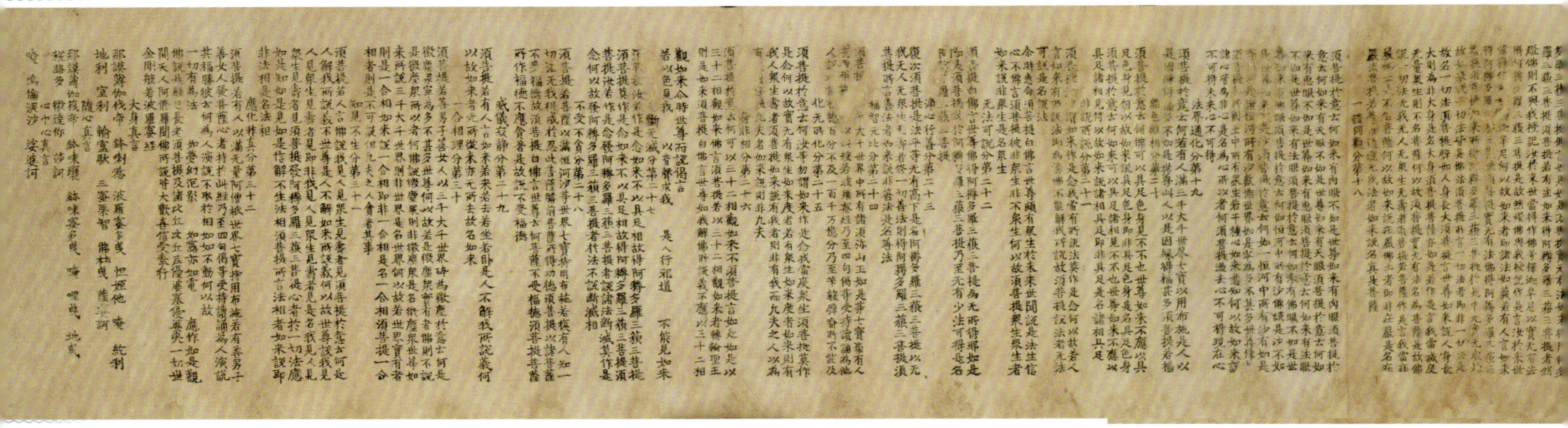

刻本《金刚般若波罗蜜经》
The Diamond Sutra, block-printed

北宋（公元 960 — 公元 1127 年）
纸纵 18.2 厘米、残长 152.8 厘米
瑞安慧光塔出土
浙江省博物馆收藏

Northern Song Dynasty(AD 960 — AD 1127)
Height 18.2 cm, Length 152.8 cm
Unearthed in Huiguang Pagoda in Rui"an
Zhejiang Provincial Museum

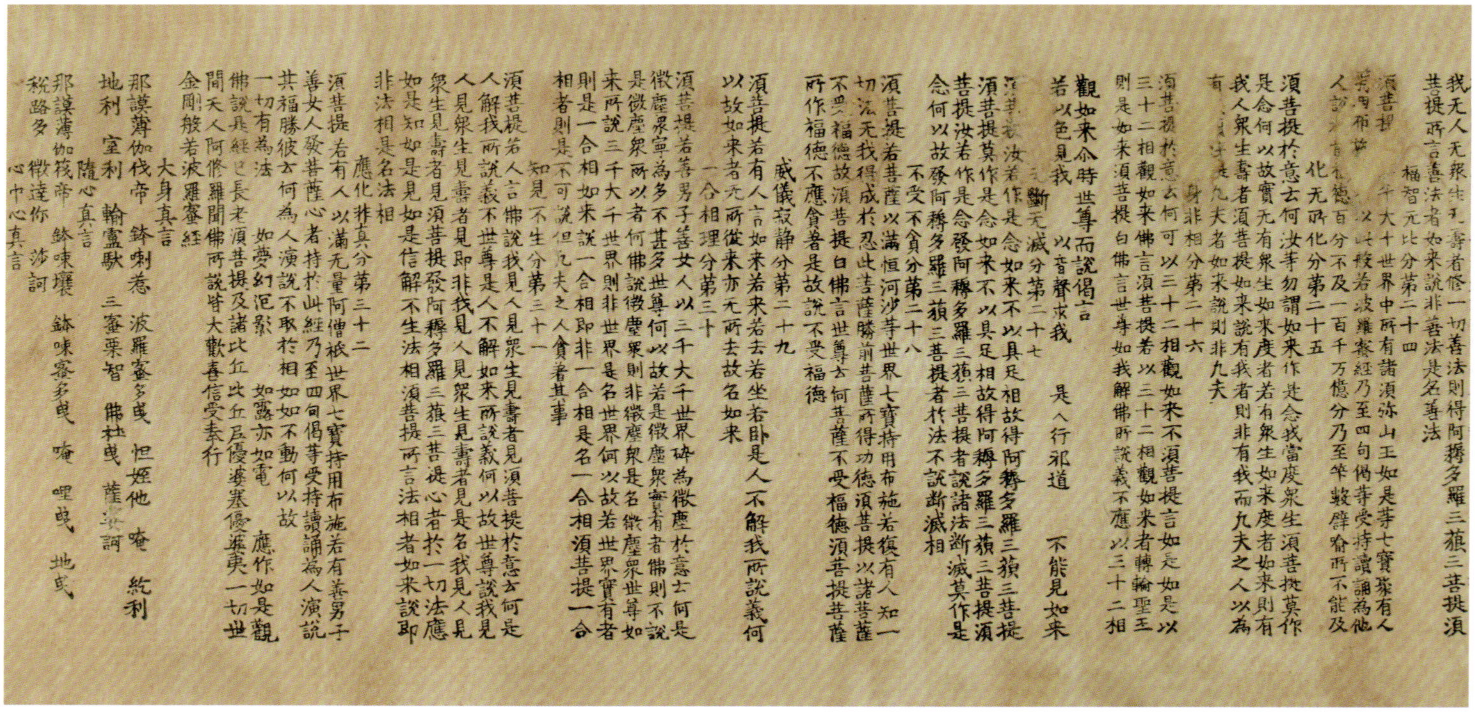

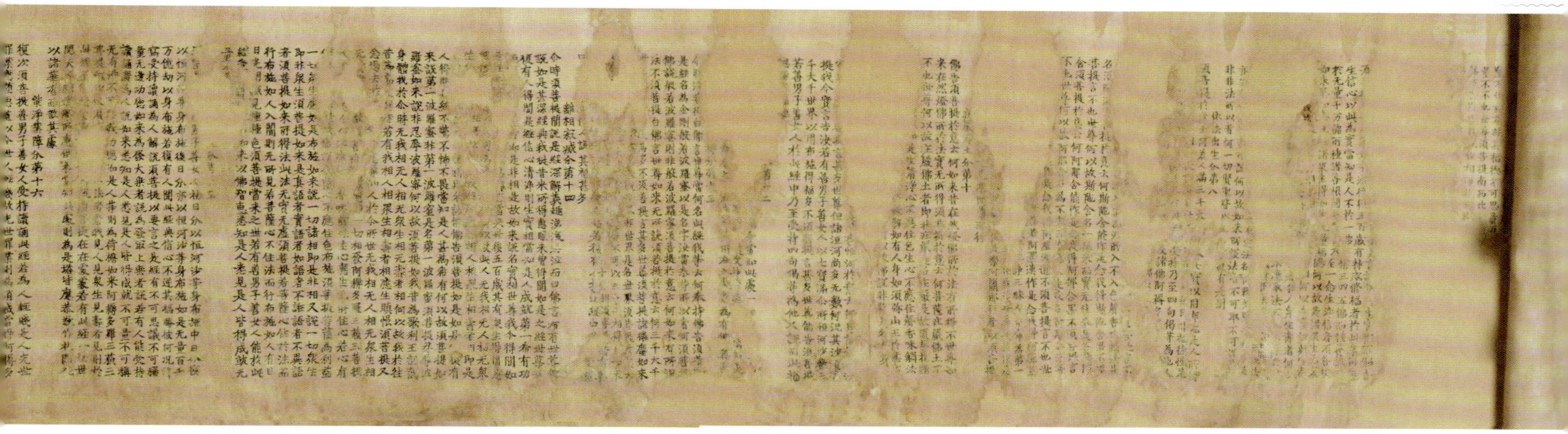

写本墨书《地藏菩萨本愿经》

Ksitigarbha Bodhisattva Sutra, hand-copied in black ink

北宋（公元 960 — 公元 1127 年）
纸高 30.5 厘米、全长 269.5 厘米
温州龙泉金沙寺华严塔出土
浙江省博物馆收藏

Northern Song Dynasty(AD 960 — AD 1127)
Paper Height 30.5 cm, Length 269.5 cm
Unearthed in Huayan Pagoda of Jinsha Temple in Longquan, Wenzhou
Zhejiang Provincial Museum

佛告虛空藏菩薩若未來世有善男子善女
人見地藏形像及聞此經乃至讀誦香花飲
食衣服珎寶布施供養讚歎瞻礼得二十
八種利益
一者天龍讚歎　二者善果日增　三者集聖上因
四者菩提不退　五者衣食豐足　六者疾疫不臨
七者離水火災　八者無盜賊厄　九者人見欽敬
十者鬼神助持　十一者女轉男身　十二者為王臣女
十三者端正相好　十四者多生天上　十五者或為帝王
十六者宿智命通　十七者有求皆從　十八者眷屬歡喜
十九者諸橫銷滅　二十者業道永除　二十一者去處盡通
二十二者夜夢安樂　二十三者先亡離苦　二十四者宿福受生
二十五者諸聖讚歎　廿六者聰明利根　二十七者饒慈愍心
二十八者畢竟成佛
復次虛空藏菩薩若現在若未來天龍鬼神
聞地藏形礼地藏形或聞地藏本願事行讚
歎瞻礼得七種利益
一者速超聖地　二者惡業消滅　三者諸佛護臨
四者菩提不退　五者增長本力　六者宿命皆通
七者畢竟成佛
尒時十方一切諸來不可說不可說諸佛如來
及大菩薩天龍八部聞釋迦牟尼佛稱揚讚
歎地藏菩薩大威神力不可思議歎未曾有時
忉利天雨無量香花天衣真珠瓔珞供養釋
迦牟尼佛及地藏菩薩已一切衆會供復瞻
礼合掌而退
地藏菩薩本願經卷下

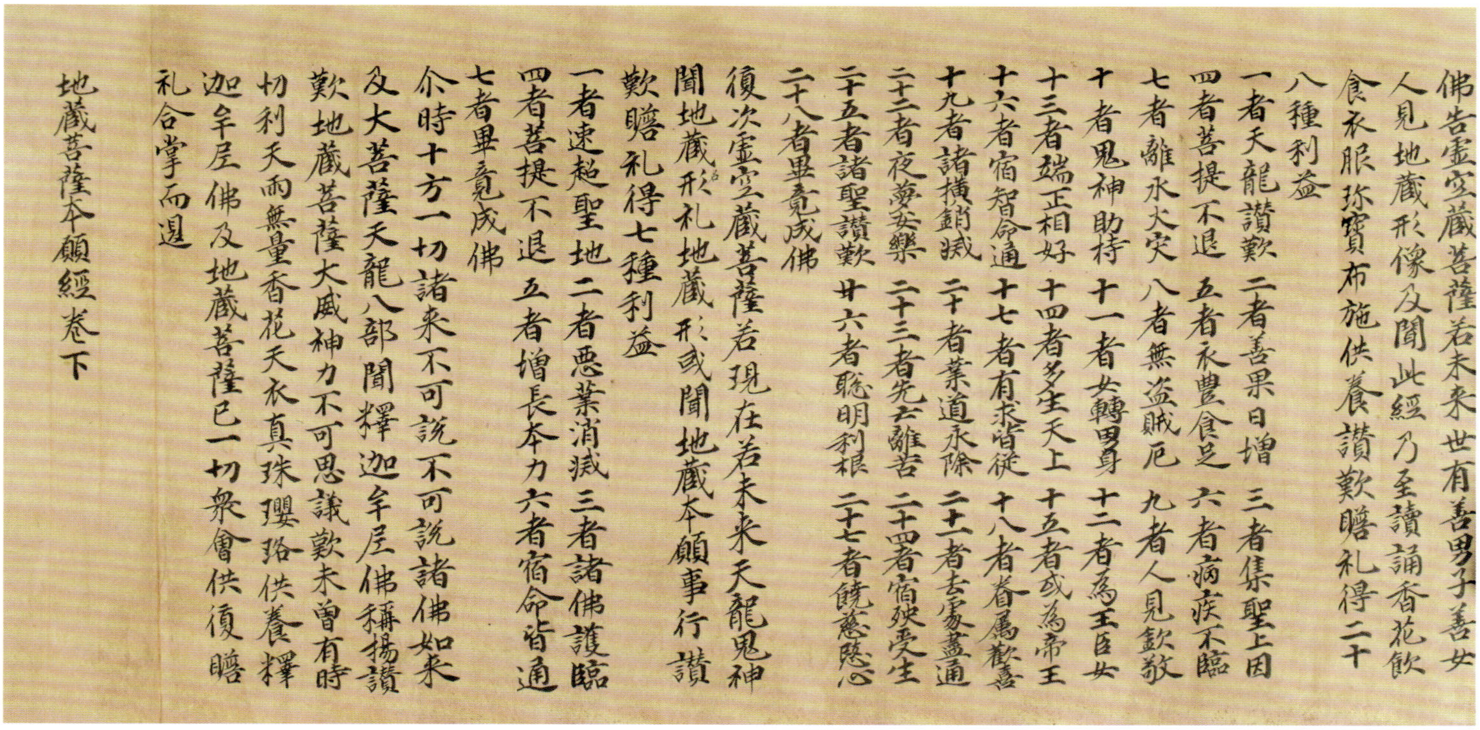

达摩渡海铜镜 是为了表现宗教的
传播和交流情况。

达摩渡海铜镜
Bronze mirror with design of Bodhidharma
crossing the sea

金代（公元 1115 — 公元 1234 年）
直径 15.5 厘米
山东博物馆收藏

Jin Dynasty(AD 1115 — AD 1234)
Diameter 15.5 cm
Shandong Museum

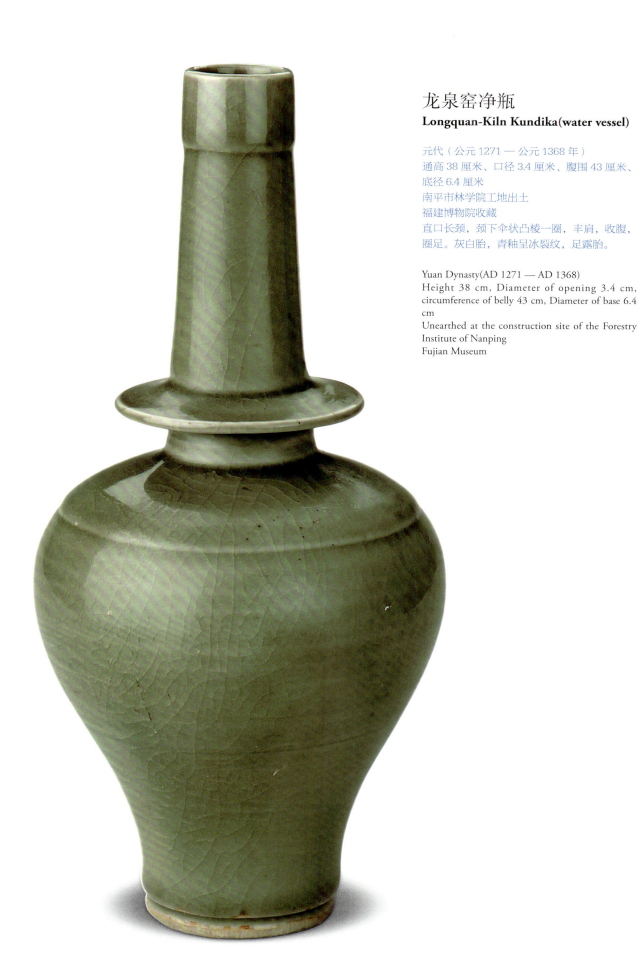

龙泉窑净瓶
Longquan-Kiln Kundika(water vessel)

元代（公元 1271 — 公元 1368 年）
通高 38 厘米、口径 3.4 厘米、腹围 43 厘米、
底径 6.4 厘米
南平市林学院工地出土
福建博物院收藏
直口长颈，颈下伞状凸棱一圈，丰肩，收腹，
圈足。灰白胎，青釉呈冰裂纹，足露胎。

Yuan Dynasty(AD 1271 — AD 1368)
Height 38 cm, Diameter of opening 3.4 cm,
circumference of belly 43 cm, Diameter of base 6.4
cm
Unearthed at the construction site of the Forestry
Institute of Nanping
Fujian Museum

景教铜印牌
Nestorian bronze seals

元代（公元 1271 — 公元 1368 年）
（1）纵 5.15 厘米、横 2.9 厘米、通高 1.35 厘米；（2）
纵 5.25 厘米、横 3.8 厘米、通高 1.2 厘米
山东博物馆收藏

Yuan Dynasty(AD 1271 — AD 1368)
(1)Length 5.15 cm, Width 2.9 cm, Height 1.35 cm;
(2)Length 5.25 cm, Width 3.8 cm, Height 1.2 cm
Shandong Museum

磁灶窑酱釉刻 "明教会" 碗
Cizao-Kiln brown-glazed bowl engraved with the inscription of Mingjiaohui

宋代（公元 960 — 公元 1279 年）
高 6.2 厘米、口径 18.4 厘米、足径 6 厘米
晋江草庵摩尼教遗址出土
晋江市博物馆收藏
敞口微敛，深弧腹，矮圈足，足内心微凸。内施满釉，
外釉不及底，有流釉，釉呈酱色。底足露胎，胎质坚，
呈浅灰色。器内阴刻 "明教会" 三个字，"明"、"教"
二字与口沿平行镌刻，"会" 字与口沿垂直刻写，三
个字在内腹匀称排列。明教会碗为宋代草庵摩尼教
徒的生活用具。该碗的发现为研究当时泉州 "明教会"
活动情况提供了重要的实物佐证。

Song Dynasty(AD 960 — AD 1279)
Height 6.2 cm, Diameter of opening 18.4 cm, Diameter of
base 6 cm
Unearthed at the site of a thatched Manichean monastery
in Jinjiang
Jinjiang Museum

景教铜印牌 景教或大秦教为唐人对基督教聂斯脱利派的称呼，5 世纪末由君士坦丁堡主教聂斯脱利所创，唐初从陆路传入我国。在现今留存的番客墓碑上，发现了众多基督教风格的元素。

（1）

（2）

南宋（公元 1127 — 公元 1279 年）
高 15.9 厘米、口径 8.2 厘米、底径 7.2 厘米
碗坪仑窑址出土
德化县陶瓷博物馆收藏

Southern Song Dynasty(AD 1127 — AD 1279)
Height 15.9 cm, Diameter of opening 8.2 cm, Diameter of
base 7.2 cm
Unearthed at the kiln site in Wanpinglun
Dehua Ceramics Museum

须弥座祭坛式墓垛石
Altar-shaped tomb buttress stone with a sumeru base

元代（公元 1271 — 公元 1368 年）
长 74 厘米、宽 30 厘米、厚 10.5 厘米
福建省泉州海外交通史博物馆收藏
碑长方体，辉绿岩质地。碑左右两侧各有一间柱，碑面浮雕两天使，
头上各戴一顶三尖冠，耳穿垂环，衣袖宽大，披肩，双手捧一圣物。
圣物上有莲花十字架。

Yuan Dynasty(AD1271 — AD1368)
Length 74 cm, Width 30 cm, Thickness 10.5 cm
Quanzhou Maritime Museum

基督教尖拱形四翼天使石刻

Pointed arch Christian stone carved with a four-winged angel

元代（公元 1271 — 公元 1368 年）
长 53.5 厘米、宽 51 厘米、厚 9.5 厘米
福建省泉州海外交通史博物馆收藏
辉绿岩质地，呈尖拱形，尖拱下镂空。碑面浮雕一位
跌坐男性天使，面部丰满，头戴"惹草"形图案装饰
的冠帽，两耳垂肩。天使披云肩，身着宽袖袍，开襟，
两袖随风飘起，两臂与手不裸露；两手于腹前捧一朵
盛开的莲花，花上承托一个十字架；胸前有饰物，肩
后有两对展开的羽翼，羽翼后有飘带；天使跌坐于从
两旁和下面上涌的云端。

Yuan Dynasty(AD 1271 — AD 1368)
Length 53.5 cm, Width 51 cm, Thickness 9.5 cm
Quanzhou Maritime Museum

"大象与林伽"石刻
Stone carved with elephant and lingam

元代（公元 1271 — 公元 1368 年）
长 71 厘米、宽 50 厘米、厚 17.7 厘米
泉州市后街出土
福建省泉州海外交通史博物馆收藏

Yuan Dynasty(AD 1271 — AD 1368)
Length 71 cm, Width 50 cm, Thickness 17.7 cm
Unearthed in Hou Street of Quanzhou
Quanzhou Maritime Museum

伊斯兰教徒珊瑚石墓碑
Corallite tombstone for Moslem

唐 — 宋元（公元 681 — 公元 1368 年）
高 61 厘米、长 51 厘米、厚 16 厘米
海南省博物馆收藏
碑首尖圭形，左右侧各凿有三道深槽。全碑以整块珊瑚石雕凿而成，
单面雕刻。碑阳额部饰尖桃形曲纹和花卉纹饰。额部刻有带状文字，
碑文以阿拉伯文或波斯文书写，字迹模糊不清。碑阴光素无纹。海南
穆斯林墓多分布于三亚市、陵水黎族自治县的近海地区，年代从唐代
延续到宋元。逝者的头向北（或西北），脚在南（或东南），表示面
向伊斯兰教圣地麦加。

Tang to Yuan Dynasties(AD 681 — AD 1368)
Height 61 cm, Length 51 cm, Thickness 16 cm
Hainan Provincial Museum

草庵摩尼光佛造像　摩尼教起源于公元三世纪波斯一带，揉合了基督教诺斯替派、佛教等的教义，因崇尚光明而在中国又被称为明教。福建地区在唐、五代便已有摩尼教信仰。晋江草庵元代摩尼光佛造像，是世界现存最早、也是唯一的摩尼教石刻造像。

晋江草庵摩尼光佛造像

I

明代初年，郑和下西洋的壮举见证着中国古代航海的巅峰。15 世纪开始，以葡萄牙、西班牙等国家为主发起的"大航海时代"，使欧洲的航海及造船技术逐渐赶上并超过了东方，万里大洋畅若通衢。明清之际，东西方的文化交流和贸易往来展现出新的形式，中国发挥重要作用的古代海上丝绸之路在辉煌之后，渐渐没入全球化的贸易体系，历经漫长的重待复兴之路。

During the early Ming dynasty, Zheng He"s great voyages to the "Western Oceans" marked the peak of ancient Chinese seafaring. Beginning from the 15th century, however, the "Age of Great Voyaging" initiated by Portugal and Spain enabled Europe to catch up with and overtake the East in navigation skills and shipbuilding technology, and a global voyaging epoch started. From late Ming to early Qing Dynasties, a new pattern of trade and cultural exchange between the East and the West started. Having played an important and glorious role, the ancient Chinese Maritime Silk Road was integrated into the global trade system. Its revival has been a long journey!

大洋通衢　丝路涅槃
【明清时期】

Section IV.
Global Voyaging and the Decline of Maritime Silk Road

(Ming and Qing Dynasties)

南京明代宝船厂六作塘遗址图

长乐（天妃灵应）碑 福建长乐是郑和下西洋过程中最重要的驻泊地之一，这里曾为船队打造各类船型、补充水手及物资，并作为候风港口。

妈祖（天妃）信仰 妈祖本名林默，生于福建莆田湄洲湾畔。传说她从小受仙人指点，济世救人，不但精通医术，更能预知天气的变化，从而引导、护佑人们在航海中趋吉避凶。历代王朝不断加封以彰其神，先后赐以"天妃"、"天后"、"天上圣母"等封号，从而成为我国沿海地区普遍信仰的海上和平女神，其影响力甚至远播海外。

明永乐三年至宣德八年（公元1405—公元1433年），三宝太监郑和奉旨率领一支庞大的船队七下西洋，先后抵达亚非三十余个国家和地区，创造了世界航海史上的空前奇迹。

长乐《天妃灵应之记》碑

泉州郑和行香碑

鎏金喇嘛塔
Gilded dagoba

明代（公元 1368 — 公元 1644 年）

通高 32.7 厘米、宽 19.3 厘米

南京市牛首山弘觉寺塔地宫出土

南京博物院收藏

由塔基、塔身和塔刹三部分组成。塔基为高 16 厘米的须弥宝座，座正面刻有二力士像，右刻双狮戏球，左刻双鹿斗角，后刻云龙，下坊前后各有一行铭文，分别为"金陵牛首山弘觉禅寺永充供养"、"佛弟子御用监太监李福善奉施"。须弥座上布置有一组佛像，内部藏有珍珠、宝石、水晶、玛瑙、玉石、骨灰等物。须弥座上的佛塔为藏式佛塔式，塔身有四个壶门，塔内放置有释迦、韦陀佛像等，塔刹由相轮、十三天、宝盖、宝珠等组成。金刚宝座塔通常是在一座高台上建筑五座小塔，用于供奉五方佛或埋葬佛舍利。有学者认为，这座鎏金喇嘛塔与明代大航海家郑和有关。郑和七下西洋，其中六次都从南京出发。而郑和又做了长达六年的南京守备，且死后就安葬在南京牛首山，而所葬之地正与弘觉寺相邻，故而认为该塔与郑和有密切的关系。

Ming dynasty (AD1368 — AD1644)

Height 32.7cm, Width 19.3 cm

Unearthed in Hongjue Temple in Niushou Mountain, Nanjing

Nanjing Museum

巡海大臣像
Statue of Sea Inspector

明代（公元 1368 — 公元 1644 年）
高 81 厘米
福建长乐显应宫出土
显应宫收藏，郑和史迹陈列馆提供照片

Ming Dynasty (AD1368 — AD1644)
Height 81 cm
Unearthed in Xianying Palace in Changle, Fujian
Zheng He's Historical Relics Museum

圆盘
Flat round object

明代（公元 1368 — 公元 1644 年）
直径 16 — 26 厘米
南京市博物馆收藏

Ming dynasty (AD 1368 — AD 1644)
Diameter 16-26cm
Nanjing Municipal Museum

木桨
Wood oar

明代（公元 1368 — 公元 1644 年）
长 109 厘米、宽 14.7 厘米
南京市博物馆收藏

Ming dynasty (AD 1368 — AD 1644)
Length 109cm, Width 14.7cm
Nanjing Municipal Museum

设色星图
Coloured Astrological Chart

明代（公元 1368 — 公元 1644 年）
残长 148 厘米，宽 90.4 厘米，装裱后长 225 厘米，宽 102 厘米
全图共画有二百八十八个星宫，能辨别约一千四百颗星，其中北斗七星和二十八宿主座特别用红色描绘，其余的星都画成黑白点。该图可能用于古代航海的天文导航，是极为珍贵的资料，原藏于莆田市涵江区霞徐天后宫。
莆田市博物馆收藏

Ming dynasty（AD 1368 — AD 1644）
Length of the remnant 148cm, Width 90.4cm
Length after mounting 225cm, Width 102cm
There are totally 288 astrological signs in this chart, in which about 1,400 ones can be recognized. Both the Plough and the Twenty-Eight Mansions (Chinese constellations system) are highlighted in red along with the others in white and black. This kind of precious material might be used as astronomical navigation in ancient time. It was formerly collected in the Tianhou Temple in Xuxia, Hanjiang District, Putian City.
Putian Museum

"三保大人" 铁刀
Iron swords with inscription of Sanbaodaren

明代（公元 1368 — 公元 1644 年）
刀长 32 厘米、最宽处 3.7 厘米；
刀长 29.7 厘米、最宽处 3.6 厘米
华侨博物院收藏
铁质，发现于印度尼西亚，相传是郑和船队到爪哇的遗留物。其中一把刀的刀面有 5 个涡纹，铭文"三保大人"，另一面有 5 个圆涡纹，铭文"三保公"。另一把刀的刀身一面为龙纹，铭文"三保公"；另一面为一位文官人像，铭文"三保大人"。

Ming dynasty（AD1368 — AD1644）
Length 32cm, Max. width 3.7 cm;
Length 29.7cm, Max. width 3.6 cm
Overseas Chinese Museum

云纹金冠
Gold crown with cloud design

明代（公元 1368 — 公元 1644 年）
高 5.2 厘米、长 11.3 厘米、宽 6.1 厘米
南京蔡国公夫人武氏墓出土
南京市博物馆收藏
冠及簪均为金质。冠上满饰凸雕云纹三组，顶部饰以
卷云纹。冠两侧有孔用于插簪。出土于明代纪年墓中。

Ming dynasty (AD1368 — AD1644)
Height 5.2cm, Length 11.3cm, Width 6.1 cm
Unearthed in the tomb of Wu, spouse of Duke of Cai in
Nanjing
Nanjing Municipal Museum

镶宝石金带饰

Gold belt ornament with gem inlay

明代（公元 1368 — 公元 1644 年）
嵌宝石 33 颗，带饰通长 16.7 厘米，重 395 克
山东省邹城市明鲁荒王墓出土
山东博物馆收藏

托体金质，组合体，可拆分为 4 部分。带饰呈如意云头状，中间主件
为如意头形，左右两侧的云头为活件，通过扣件与主件相连。扣件为
金条弯曲成的圆角长条形和 T 形相连的鼻，一个固定在主体一端，不
可拆卸，一个为活扣式可拆装，鼻的 T 形一端插在主件内，长条形一
端插在两侧活件的孔内。带饰为上下夹层式，主件两层为镂空串枝花卉，
两侧活件上层为镂空串枝花卉，下层为金板，带饰边缘正面和侧面錾
有竖、斜短线。

Ming dynasty (AD1368 — AD1644)
Inlaid with 33 gems, length 16.7 cm, weight 395 g
Unearthed in the tomb of Luhuang King in Zoucheng, Shandong
Shandong Museum

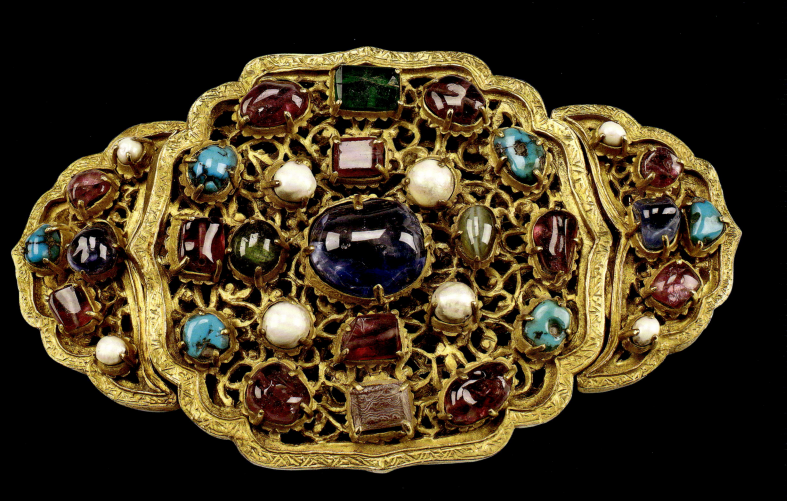

朝贡贸易 是由官方垄断对外贸易的一种形式，它以收取外邦的"贡献"，并给予对方"赏赐"为交往手段。在明初海禁的背景下，郑和下西洋即代表了这种"厚往薄来"的海外贸易模式。其中，中国的麝香、纻丝、色绢、青瓷盘碗、铜钱、樟脑等，是最受来使青睐的货品。

龙泉窑青釉碗
Longquan-Kiln celadon-glazed bowl

明代（公元 1368 — 公元 1644 年）
高 8.3 厘米、口径 15.8 厘米、底径 6.4 厘米
浙江省博物馆收藏

Ming dynasty (AD1368 — AD1644)
Height 8.3cm, Diameter of opening 15.8cm, Diameter of base 6.4 cm
Zhejiang Provincial Museum

龙泉窑青釉大盘
Longquan-Kiln celadon-glazed plate

明代（公元 1368 — 公元 1644 年）
高 7.4 厘米、口径 36.2 厘米、底径 20.5 厘米
浙江省博物馆收藏

Ming dynasty (AD1368 — AD1644)
Height 7.4cm, Diameter of opening 36.2cm, Diameter of base 20.5 cm
Zhejiang Provincial Museum

龙泉窑人形堆贴罐
Longquan-Kiln jar with applique figure patterns

明代（公元 1368 — 公元 1644 年）
高 20 厘米、口径 15.5 厘米、底径 10 厘米
浙江省博物馆收藏

Ming dynasty(AD1368 — AD1644)
Height 20cm, Diameter of opening 15.5cm, Diameter of base 10cm
Zhejiang Provincial Museum

龙泉窑青釉莲花灯
Longquan kiln celadon lotus lamp

明代（公元 1368 — 公元 1644 年）
高 16 厘米、口径 11 厘米、底径 8.8 厘米
浙江省博物馆收藏

Ming dynasty（AD 1368 — AD 1644）
Height 16cm, Diameter of opening 11cm, Diameter of base 8.8cm
Zhejiang Provincial Museum

剔红九老图圆盒
Round red lacquer case carved with nine seniors

明代（公元 1368 — 公元 1644 年）
高 17 厘米、口径 34.5 厘米、底径 25.5 厘米
青岛市博物馆收藏

Ming dynasty(AD1368 — AD1644)
Height 17cm, Diameter of opening 34.5cm, Diameter of base 25.5cm
Qingdao Municipal Museum

铜锭
Bronze ingot

明代（公元 1368 — 公元 1644 年）
锭高 6 厘米、锭面长 17.5 厘米、宽 7.5 厘米，锭底长 19.2 厘米、
宽 9 厘米，重 6 千克
西沙北礁出水
海口市博物馆收藏
呈面窄底宽的四棱台形，锭面阳文"泉场铜拾斤官"。

Ming dynasty (AD1368 — AD1644)
Height 6cm, Length of top 17.5cm, Width of top 7.5cm, Length
of bottom 19.2cm, Width of bottom 9cm, Weight 6kg
Retrieved from Beijiao Reef, Xisha Islands
Haikou Museum

珍珠地牡丹花卉纹铜盘
Bronze plate carved with peonies

明代（公元 1368 — 公元 1644 年）
高 2.5 厘米、口径 17.1 厘米、底径 12 厘米
西沙北礁出水
海南省博物馆收藏

Ming dynasty (AD1368 — AD1644)
Height 2.5cm, Diameter of opening 17.1cm, Diameter of
base 12cm
Retrieved from Beijiao Reef, Xisha Islands
Hainan Provincial Museum

月港 位于今福建省龙海市海澄镇，处闽南主干
河流九龙江下游的入海口。在明清之际取代泉州，
成为东南地区最重要的对外贸易海港。区域性的
繁荣，带动了漳州窑、德化窑的制瓷业兴盛发展。

德化甲杯山遗址

德化窑 德化是我国南方著名制瓷中心之一，位于福建中部。早期以烧制青瓷、青白瓷、白瓷为主。明清时期，德化窑制瓷达到鼎盛，产品胎薄透影而质坚，釉色晶莹温润，呈现出"象牙白"、"猪油白"等特质。其中何朝宗等一批雕塑名家塑造的神佛造像，更是神态灵动，具有很高艺术造诣。德化白瓷曾享誉欧洲，成为中国白瓷最高峰的代表之一。

德化窑印花双螭耳炉

Dehua-Kiln censer with imprinted design and two dragon-shaped handles

明代（公元 1368 — 公元 1644 年）
高 10.3 厘米、口径 14.5 厘米、底径 11 厘米
福建博物院收藏

口平外侈，颈微束。颈部上下有两周凸弦纹，在弦纹间缀小圈点为地，饰十二个印花变形夔纹，其间隔对称饰两个兽面纹。鼓腹，两螭耳附颈腹间，高圈足，足沿外凸壁，足间饰印回纹和饕餮纹。通体施乳白釉，釉柔和莹润，足底露胎，胎洁白细腻，外底正中刻印金文"子孙永宝"方章款。

Ming dynasty (AD1368 — AD1644)
Height 10.3cm, Diameter of opening 14.5cm, Diameter of base 11 cm
Fujian Museum

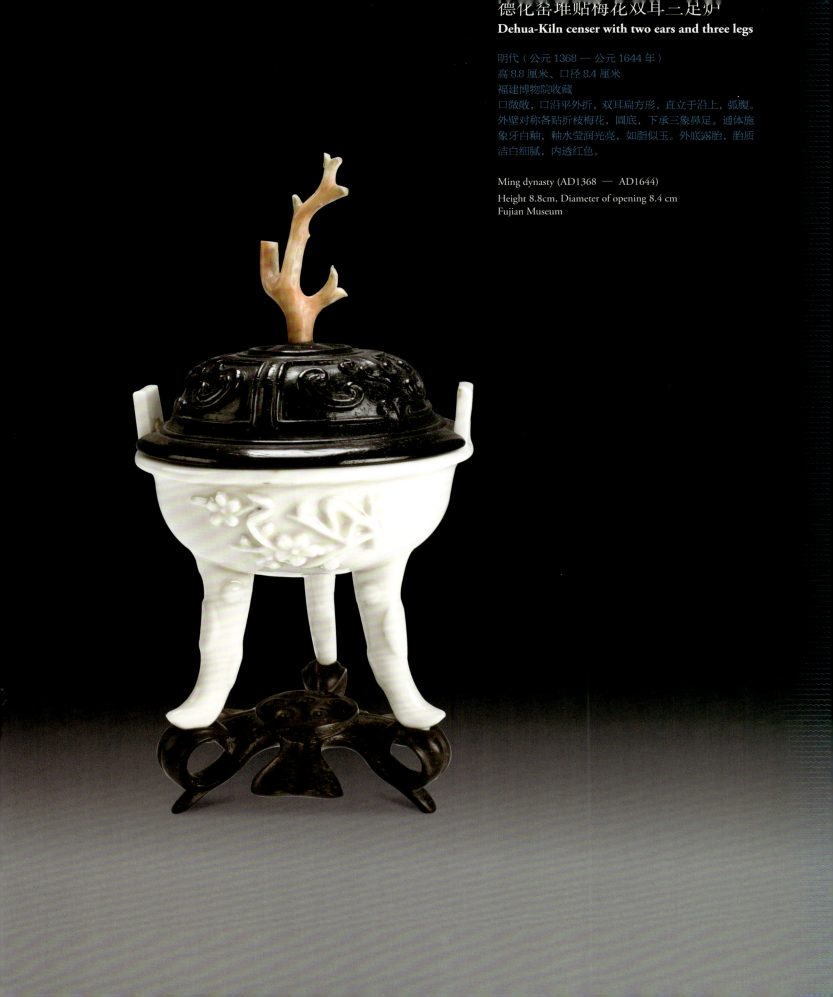

德化窑堆贴梅花双耳三足炉
Dehua-Kiln censer with two ears and three legs

明代（公元 1368 — 公元 1644 年）
高 8.8 厘米、口径 8.4 厘米
福建博物院收藏
口微敞，口沿平外折，双耳扁方形，直立于沿上，弧腹。
外壁对称各贴折枝梅花，圜底，下承三象鼻足。通体施
象牙白釉，釉水莹润光亮，如脂似玉。外底露胎，胎质
洁白细腻，内透红色。

Ming dynasty (AD1368 — AD1644)
Height 8.8cm, Diameter of opening 8.4 cm
Fujian Museum

德化窑荷叶洗
Dehua-Kiln lotus-leaf-shaped brush washer

明代（公元 1368 — 公元 1644 年）
高 6.9 厘米、口径最长 26.7 厘米、最宽 23.5 厘米
福建博物院收藏
状如大荷叶，叶面向下，叶脉由中心向边沿延伸，叶
沿自然上卷构成九个不规则的弧形，叶内下凹，组成
五个不规则足底。通体施乳白釉，釉水柔润光亮。足
底露胎，胎洁白细腻。

Ming dynasty (AD1368 — AD1644)
Height 6.9cm, Max. diameter of opening 26.7cm, Min.
diameter of opening 23.5 cm
Fujian Museum

德化窑堆贴梅鹿高足杯
Dehua-Kiln high-stem cup with appliqué design

明代（公元 1368 — 公元 1644 年）
高 7.6 厘米、口径 13.9 × 10.3 厘米、底径 4.4 厘米
福建博物院收藏
敞口，口沿有十二个不规则的连弧瓣，下作直柱状，
犹如椭圆喇叭。外壁堆贴山石、松、梅、龙、鹿等纹
样。通体施乳白釉，釉纯润柔和光亮。浅圈足，足底
露胎，胎洁白细腻。

Ming dynasty (AD1368 — AD1644)
Height 7.6cm, Diameter of opening 13.9 × 10.3cm,
Diameter of base 4.4 cm
Fujian Museum

青花麒麟盘
Blue-and-white plate with kylin design

清代（公元 1644 — 公元 1911 年）
高 5.8 厘米、口径 27.6 厘米、底径 14.6 厘米
德化县陶瓷博物馆收藏
白胎，白釉泛黄，釉色均匀，莹润露胎。收口，浅平
底，圈足。盘内描绘有双狮戏球图案，狮子长脸，身
体健硕，互相呼应，笔触有力，画工精细，富有民俗
色彩，是民间喜闻乐见的题材。盘外绘有三组竹枝，
青花发色翠蓝，富有层次。

Qing dynasty (AD1644 — AD1911)
Height 5.8cm, Diameter of opening 27.6cm, Diameter of base 14.6 cm
Dehua Ceramics Museum

五彩九龙瓶
Multi-coloured vase decorated with nine dragons

清康熙二十五年（公元 1686 年）
通高 51 厘米、口径 9 厘米、腹径 24.2 厘米、底径
12 厘米
德化县陶瓷博物馆收藏
胎白质坚。直口，长颈，溜鼓腹，圈足，足跟露胎。
器身以红、黄、蓝、绿、棕色满饰图案，以黄色为
地，手法细腻。九龙腾云驾雾穿梭于火珠云朵之间，
形态生动，腹底部饰海波纹。底足内用矾红彩书"康
熙二十五年知德化县事鄞县范正辂选制"款。手拉坯
成型。该器为清早期德化窑五彩精品。

The 25th year of Kangxi's reign during the Qing Dynasty
(AD1686)
Height 51cm, Diameter of opening 9cm, Diameter of belly
24.2 cm, Diameter of base 12cm
Dehua Ceramics Museum

马可·波罗香薰
Marco Polo censer

明代（公元 1368 — 公元 1644 年）
通高 12 厘米、底宽 15 厘米
德化县陶瓷博物馆收藏

胎白，坚质，细腻。通体施象牙白釉，釉面滋润、莹亮，子母口及底部中央露白胎。器体分三部分组成，器身与器盖做子母口套合，各部件相应呈八角形。器盖中央以一朵团花为主题，镂雕伸展的花卉，口沿沿着相间的棱边分别竖立团花八朵，器身外壁饰"S"形耳四个，足跟相应附八个"S"形足。底座亦作八角形围栏及八朵团花栏杆与器身相呼应，棱边分别饰八个如意纹足。通体满饰锦地繁花纹，线条刻划洒脱自然。该器为 17 世纪前欧洲常见的香炉，富有浓郁的域外风格。

Ming dynasty (AD1368 — AD1644)
Height 12cm, Base width 15 cm
Dehua Ceramics Museum

德化窑白瓷凸花高足簋

Dehua-Kiln white ceramic high-stem gui with embossed design

明代（公元 1368 — 公元 1644 年）

高 9.9 厘米、口径 14 厘米、底径 10.9 厘米

苏州博物馆收藏

簋式炉造型。敞口，平口沿，短束颈，扁鼓腹，胫部折收，外撇圈足，平底。足端露胎，胎质润白如玉。内外施白釉，釉质肥厚滋润如凝脂，近似象牙白。颈部饰凸花一周，颈腹部饰双瑞兽耳，圈足外侧饰回纹二周。

Ming dynasty (AD1368 — AD1644)

Height 9.9cm, Diameter of opening 14cm, Diameter of base 10.9 cm

Suzhou Museum

漳州窑 主要是指明清时期漳州地区的瓷窑，包括平和南胜、五寨、官峰诸窑，诏安秀篆、朱厝、官陂窑，漳浦坪水窑，云霄火田窑，南靖梅林窑，华安东溪诸窑等60余处。此外，广东饶平、大埔等窑，皆可纳入漳州窑系。所见品类包括颜色釉的白釉、青釉、蓝釉、黑釉、酱釉和彩绘类的青花、五彩、素三彩等品种，装饰风格自由洒脱。在国外许多古遗址及近海沉船中，都曾发现大量漳州窑产品。

漳州窑青花花卉纹盘
Zhangzhou-Kiln blue-and-white plate with floral design

明代（公元 1368 — 公元 1644 年）
高 13 厘米、口径 6.9 厘米、底径 30.5 厘米
漳州市博物馆收藏
圆唇，敞口，浅弧腹，内直外斜式矮圈足。灰白胎，施白釉，足跟粘沙。
内口沿青花弦纹下绘四组卷草纹，器内底用青花绘波形纹和花卉纹，
中间用双弦纹隔开，外壁口沿下饰一道青花弦纹，近底部饰青花双弦纹。

Ming dynasty (AD1368 — AD1644)
Height 13cm, Diameter of opening 6.9cm, Diameter of base 30.5cm
Zhangzhou Museum

漳州窑五彩麒麟火焰开光花卉纹盆
Zhangzhou-Kiln multi-coloured basin with Kylin and flower patterns

明代（公元 1368 — 公元 1644 年）
高 11 厘米、口径 32 厘米、底径 10 厘米
漳州市博物馆收藏
圆唇，敞口，折沿，深弧腹，内直外斜式矮卧足。胎厚重呈灰白色，施白釉，足内底满釉，足跟和外底粘砂。口沿绘折枝梅花纹饰，腹部绘金钱地四开光花卉，盘底绘麒麟、火焰图案。

Ming dynasty (AD1368 — AD1644)
Height 11 cm, Diameter of opening 32cm, Diameter of base 10cm
Zhangzhou Museum

素三彩香盒
Plain tricolor incense case

明代（公元 1368 — 公元 1644 年）
高 4 厘米、口径 4.9 厘米、底径 3 厘米
漳州市博物馆收藏

Ming dynasty (AD1368 — AD1644)
Height 4 cm, Diameter of opening 4.9cm, Diameter of base 3cm,
Zhangzhou Museum

青花盒
Blue-and-white glazed case

明代（公元 1368 — 公元 1644 年）
高 5.6 厘米、底径 6.2 厘米
漳州市博物馆收藏

Ming dynasty (AD1368 — AD1644)
Height 5.6 cm, Diameter of base 6.2cm
Zhangzhou Museum

漳州窑蓝地白花大盘
Zhangzhou-Kiln blue plate decorated with white flowers

明代（公元 1368 — 公元 1644 年）
高 8.5 厘米、口径 34.6 厘米、底径 17.7 厘米
漳州市博物馆收藏
圆唇，敞口，浅弧腹，内直外斜式矮圈足。胎厚重呈
灰白色，施蓝釉，足内底未满釉，足跟和外底粘砂。
盘中央以白色勾画的形式，描绘三朵盛开的海菊花，
伴以零星飘荡的海草；四周画两组海草和两组水螅，
分别朝盘口沿四周游弋，轻盈流畅；盘口以数十朵盛
开的海菊花装饰。

Ming dynasty (AD1368 — AD1644)
Height 8.5 cm, Diameter of opening 34.6cm, Diameter of
base 17.7cm
Zhangzhou Museum

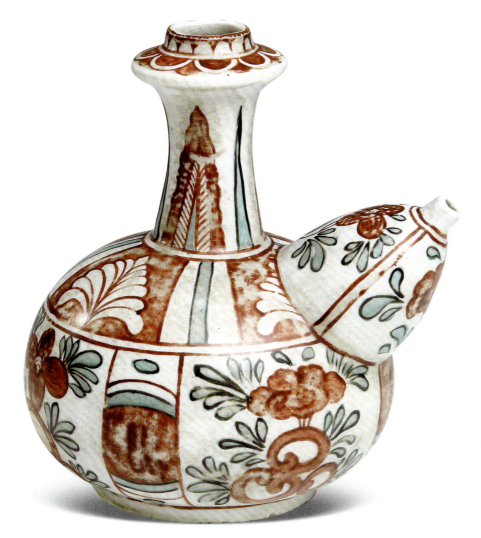

开光红绿彩军持
Kundika (water vessel) with red and green designs in panels

明代（公元 1368 — 公元 1644 年）
高 10.7 厘米、口径 3.7 厘米、腹围 48.4 厘米、足径 9.8
厘米
厦门市博物馆收藏

Ming dynasty (AD1368 — AD1644)
Height 10.7cm, Diameter of opening 3.7cm, Circumference
of belly 48.4 cm, Diameter of base 9.8 cm
Xiamen Museum

漳州窑酱地白花军持
Zhangzhou-Kiln brown Kundika (water vessel) decorated with white flowers

明代（公元 1368 — 公元 1644 年）
高 11 厘米、口径 2.6 厘米、底径 6.6 厘米
漳州市博物馆收藏

Ming dynasty (AD1368 — AD1644)
Height 11cm, Diameter of opening 2.6cm, Diameter of base 6.6 cm
Zhangzhou Museum

青花开光花鸟纹盘
Blue-and white plate with flowers and birds in panels

明代（公元 1368 — 公元 1644 年）
高 4.8 厘米、口径 29 厘米、底径 17 厘米
江西省博物馆收藏
菱花口，浅斜弧腹，矮圈足。盘外壁纹饰简化成五组竖线和五个圈点纹。盘内壁亦作八瓣莲开窗，中间以 8 立柱布局。开光内绘 4 组菊花和杂宝纹，盘心绘花卉和灵雀。该盘属万历时期开始生产的外销瓷，欧洲人称为"克拉克瓷"，日本人称其为"芙蓉手"。克拉克瓷以青花为多，器型以盘、碗、军持为主，以花鸟、瑞兽等为装饰，图案虽是中国传统画法，但放射状、模印状排列的菱花或扇形开光布局已非中国风格，为模仿欧洲金银器的制作技法。这种外销瓷盘，一般胎体轻薄，纹饰布局饱满，欧洲人多将其挂在墙上作为装饰品。

Ming dynasty (AD1368 — AD1644)
Height 4.8cm, Diameter of opening 29cm, Diameter of base 17cm
Jiangxi Provincial Museum

景德镇窑 从元代开始，随着北方窑业趋于衰落，景德镇逐渐成为全国的制瓷中心，不但烧制皇家御用瓷器，在外销瓷的生产上也独领风骚。明代中期以后，随着民窑规模的扩大及海外贸易的推动，大量专为西方订烧的精美瓷器从这里通过海上航路销往欧洲。

景德镇窑青花帆船图花口盘
Jingdezhen kiln flower-shaped rim blue-and-white plate with sailing boat image

清康熙（公元 1662 — 公元 1722 年）
高 3.8 厘米、口径 26.8 厘米、足径 15.1 厘米
上海博物馆收藏（荷兰倪汉克先生捐赠）

Kangxi period of Qing dynasty (AD 1662 — AD 1722)
Height 3.8cm, Diameter of opening 26.8cm, Diameter of base 15.1cm
Shanghai Museum (donated by Henk B. Nieuwenhuys, the Netherlands)

青花花鸟纹花口盘
Flower-shaped rim blue-and-white plate with flowers and birds design

清康熙（公元 1662 — 公元 1722 年）
高 6.1 厘米、口径 35.2 厘米、足径 19 厘米
上海博物馆收藏（荷兰倪汉克先生捐赠）

Kangxi Period of Qing dynasty (AD 1662 — AD 1722)
Height 6.1cm, Diameter of the opening 35.2cm, Diameter of base 19 cm
Shanghai Museum (donated by Henk B. Nieuwenhuys, the Netherlands)

景德镇窑青花果树纹油醋瓶

Jingdezhen kiln blue-and-white cruet with fruit trees design

清康熙（公元 1662 — 公元 1722 年）
高 19.8 厘米、口径 2.3 厘米、足径 7 厘米
上海博物馆收藏（荷兰倪汉克先生捐赠）

Kangxi period of Qing dynasty (AD 1662 — AD 1722)
Height 19.8cm, Diameter of opening 2.3cm, Diameter of base 7cm
Shanghai Museum (donated by Henk B. Nieuwenhuys, the Netherlands)

景德镇窑青花如意花卉纹薰炉
Jingdezhen kiln blue-and-white censer with Ruyi and flowers design

清康熙（公元 1662 — 公元 1722 年）
通高 32.3 厘米、足径 11.9 厘米
上海博物馆收藏（荷兰倪汉克先生捐赠）

Kangxi period of Qing dynasty (AD 1662 — AD 1722)
Height 32.3cm, Diameter of the base 11.9cm
Shanghai Museum (donated by Henk B. Nieuwenhuys, the Netherlands)

青花花卉纹碗
Blue-and-white bowl with floral design

清代（公元 1644 — 公元 1911 年）
通高 5.5 厘米、口径 10.1 厘米、底径 4.8 厘米
陈嘉庚纪念馆收藏

Qing dynasty (AD1644 — AD1911)
Height 5.5cm, Diameter of opening 10.1cm, Diameter of base 4.8cm
Tan Kah Kee Memorial Museum

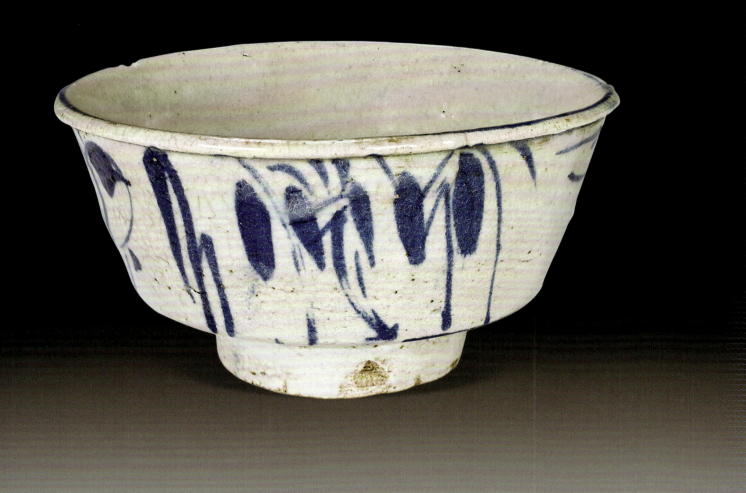

青花花卉纹把杯
Blue-and-white handled cup decorated with flowers

清代（公元 1644 — 公元 1911 年）
高 14.6 厘米、口径 8.8 厘米、底径 8.2 厘米
江西省博物馆收藏
敞口，深圆腹，圈足，腹部一侧安装一把手，口沿饰
锦地开光花卉纹，腹部饰三组折枝花卉纹，胫部饰缠
枝纹。这种把杯欧洲人常用来喝啤酒。

Qing dynasty (AD1644 — AD1911)
Height 14.6cm, Diameter of opening 8.8cm, Diameter of base 8.2cm
Jiangxi Provincial Museum

青花山水纹兽首耳椭圆形盖碗
Blue and white oval lidded bowl with beast-head ears and landscape pattern

清代（公元 1644 — 公元 1911 年）
通高 9.2 厘米、口径 14.8×11.6 厘米、底径 10.9×7.6 厘米
江西省博物馆收藏
椭圆形平折口，腹部堆塑两猪首形扳手，圈足外撇。椭圆形盖，盖面稍拱，中间有一纽，已残。盖与盒身均饰山水楼阁纹。这种兽首形装饰的盖碗多用来盛汤。

Qing dynasty (AD1644 — AD1911)
Height 9.2cm, Diameter of opening 14.8×11.6cm, Diameter of base 10.9×7.6cm
Jiangxi Provincial Museum

青花山水楼阁纹果盘
Blue-and-white fruit tray with landscape and buildings patterns

清代（公元 1644 — 公元 1911 年）
高 4.8 厘米、口径 22.3 厘米、底径 13.5 厘米
江西省博物馆收藏
椭圆形，盘壁竖条形镂空，盘内底椭圆形开光内绘山水楼阁纹。这种镂空盘欧洲人多用来装水果。

Qing dynasty (AD1644 — AD1911)
Height 4.8cm, Diameter of opening 22.3cm, Diameter of base 13.5cm
Jiangxi Provincial Museum

青花 "洛可可" 花卉纹盘
Blue-and-white plate with flowers pattern in rococo style

清乾隆（公元 1736 — 公元 1795 年）
高 3.8 厘米、口径 24.4 厘米、底径 14 厘米
广东省博物馆收藏

Qianlong period of Qing dynasty (AD 1736 — AD 1795)
Height 3.8 cm, Diameter of opening 24.4cm, Diameter of base 14cm
Guangdong Museum

日本青花彩绘花鸟开光人物棱纹瓶

Japanese blue-and-white ridged vase painted with birds, flowers and figures in panels

日本江户时代中期（公元 1603 — 公元 1867 年）
高 24.8 厘米、腹径 24.2 厘米、底径 15 厘米
华侨博物院收藏

The Mid Edo period (AD1603 — AD1867)
Height 24.8cm, Diameter of belly 24.2cm, Diameter of base 15 cm
Overseas Chinese Museum

广彩开光人物故事图大碗

Large Kwon-glazed bowl painted with paneled figures

清嘉庆（公元 1796 — 公元 1820 年）
高 16 厘米、口径 42 厘米、底径 22 厘米
广东省博物馆收藏

The Jiaqing period of the Qing Dynasty (AD 1796 — AD 1820)
Height 16 cm, Diameter of opening 42cm, Diameter of base 22 cm
Guangdong Museum

广彩开光希腊神话图碗
Kwon-glazed bowl with picture representing Greek mythology in panels

清代（公元 1644 — 公元 1911 年）
高 11 厘米、口径 26 厘米、足径 12 厘米
广州博物馆收藏

器为敞口，深腹，圈足。内外均施白釉，器内心绘折枝花卉纹，口沿绘金彩矛头状纹带一周；器外壁两侧对称处绘希腊神话故事，用折枝花卉纹间隔。口沿加金彩，外壁开窗绘两幅希腊神话故事，边饰以中国传统的折枝花卉纹，是广彩瓷器中根据西方人士绘制图案进行加工的典型器物。两幅希腊神话故事内容一样，描绘的是古希腊荷马创作的神话故事《巴利斯的审判》。该图的稿本有学者研究认为是十七世纪比利时画家鲁本斯（Rubens）的画作。

Qing dynasty (AD 1644 — AD 1911)
Height 11cm, Diameter of opening 26cm, Diameter of base 12 cm
Guangzhou Museum

广彩西洋风景人物纹啤酒杯
Kwon-glazed beer cup painted with a Western-style picture of figures and landscape

清乾隆（公元 1736 — 公元 1795 年）
高 13.4 厘米、口径 9 厘米、足径 7.6 厘米
广州博物馆收藏

The Qianlong period of the Qing dynasty (AD 1736 — AD 1795)
Height 13.4cm, Diameter of opening 9 cm, Diameter of base 7.6 cm
Guangzhou Museum

广彩花卉纹章纹咖啡盖壶
Kwon-glazed coffee pot with flowers and armorial design

清乾隆（公元 1736 — 公元 1795 年）
高 24 厘米、口径 6.7 厘米、底径 7.5 厘米
广东省博物馆收藏

Qianlong period of Qing dynasty（AD 1736 — AD 1795）
Height 24 cm, Diameter of opening 6.7cm, Diameter of base 7.5cm
Guangdong Museum

石湾窑石榴红槌瓶
Shiwan-Kiln Chuiping

清代（公元 1644 — 公元 1911 年）
高 23.7 厘米、口径 4.5 厘米
广东省博物馆收藏

Qing dynasty (AD 1644　—　AD 1911)
Height 23.7cm, Diameter of opening 4.5cm
Guangdong Museum

石湾窑窑变釉豆
Shiwan-Kiln flambé-glazed Dou

清代（公元 1644 — 公元 1911 年）
高 13 厘米、口径 19.5 厘米、底径 9 厘米
广东省博物馆收藏

Qing dynasty (AD 1644　—　AD 1911)
Height 13cm, Diameter of opening 19.5 cm, Diameter of base 9 cm
Guangdong Museum

象牙透雕人物故事团扇
Circular ivory fan decorated with figures in openwork

清代（公元 1644 — 公元 1911 年）
长 37 厘米、展开直径 36.7 厘米
广东省博物馆收藏

Qing dynasty (AD1644 — AD1911)
Length 37 cm, Unfolded diameter 36.7 cm
Guangdong Museum

象牙雕人物信插
Ivory letter holder carved with figures

清中期
高 32 厘米、宽 18.7 厘米
广东省博物馆收藏

Mid Qing dynasty
Height 32 cm, Width 18.7 cm
Guangdong Museum

牙雕臂搁

Carved ivory arm rest

清代（公元 1644 — 公元 1911 年）
长 25 厘米
山东博物馆收藏

Qing dynasty (AD1644-AD1911)
Length 25 cm
Shandong Museum

象牙透雕人物故事菱花提篮
Ivory basket decorated with figures and water chestnut flowers in openwork

清代（公元 1644 — 公元 1911 年）
通高 29.2 厘米、长 24 厘米、宽 21 厘米
广东省博物馆收藏

Qing dynasty (AD 1644 — AD 1911)
Height 29.2 cm,Length 24 cm, Width 21 cm
Guangdong Museum

象牙雕庭园人物图盖盒
Lidded ivory case carved with figures in the garden

清中期
高 9.8 厘米、长 28.5 厘米、宽 19.8 厘米
广东省博物馆收藏

Mid Qing dynasty
Height 9.8 cm ,Length 28.5 cm, Width 19.8 cm,
Guangdong Museum

牙雕上下双活多层牙球摆件
Flexible multi-layered ivory ball with a base

清代（公元 1644 — 公元 1911 年）
通高 27.5 厘米、球直径 6 厘米、座直径 6 厘米
广东省博物馆收藏

象牙球摆件以镂空、通雕、浮雕等多种手法雕制，由底座和套球两部分组成。底座自下而上刻锯齿叶形圆底、持盒莲花童子、竹节形柱、通花腰形管、承球托盘等多节连接。牙球整块象牙多层镂空技法雕刻，球作十一层，球内套球，逐层镂空，每层厚薄均匀。外层镂通浮雕云龙纹，内层则层层雕琢精美繁复的纹饰，精巧玲珑，转动自如，工艺繁复。此摆件象牙材质坚实细密，柔润光泽，整体造型优美，雕工细腻，颇具匠心。

Qing dynasty (AD 1644 — AD 1911)
Height 27.5 cm, Ball diameter 6 cm, Base diameter 6 cm
Guangdong Museum

象牙雕红楼梦人物故事瓶
Ivory vase decorated with characters from Dream of the Red Chamber

清代（公元 1644 — 公元 1911 年）
高 41 厘米、口径 10.9 厘米
山东博物馆收藏

Qing dynasty (AD1644 — AD1911)
Height 41 cm, Diameter of opening 10.9 cm
Shandong Museum

人物通草纸本水彩画
Watercolor portraits on pith paper

19 世纪
纵 20.3 厘米、横 25.6 厘米
广州博物馆收藏

The 19th century
Height 20.3 cm, Width 25.6 cm
Guangzhou Museum

广彩倭角方形徽章盘
Kwon-glazed oblong ceramic plate with the Coat of Arms and indented corners

清代（公元 1644 — 公元 1911 年）
高 2.3 厘米、长 29 厘米、宽 21.5 厘米
广东省博物馆收藏

长方倭角形盘，板沿，浅腹，圈足。板沿绘西洋花卉花带边饰一周。这种由西洋小碎花构成的花带边饰，清新淡雅，具有浓厚的欧洲风格，一般是 1760 年以后流行，成为广彩的一种特征。盘内心主题纹饰为徽章纹。18 世纪欧美国家的皇室、贵族、社团、城市、军队首领等把拥有印有徽章纹图案的中国瓷器作为荣耀和权威的象征。

Qing dynasty (AD1644 — AD1911)
Height 2.3cm, Length 29cm, Width 21.5cm
Guangdong Museum

南澳一号 沉没于广东省汕头市南澳县云澳镇三点金海域，为一艘明代晚期木质沉船，保存较为完好。目前已打捞出水的各类瓷器主要来自福建漳州窑、江西景德镇窑，为研究这一时期的外销瓷贸易、航海技术提供了珍贵资料。

青花折枝牡丹纹盘
Blue-and-white plate with peony design

明代（公元 1368 — 公元 1644 年）
高 8 厘米、口径 30 厘米、底径 13 厘米
南澳一号出水
广东省博物馆收藏
圆唇敞口，浅腹弧壁，圈足，外壁饰弦纹三周，内壁底心绘青花折枝花卉纹，口沿以四朵对称青花折枝花卉为饰。

Ming dynasty (AD1368 — AD1644)
Height 8 cm,Diameter of opening 30 cm, Diameter of base 13 cm
Retrieved from the wreck of Nan"ao No.1
Guangdong Museum

青釉贴塑四耳龙纹罐
Celadon-glazed jar appliqué four lugs and dragon patterns

明代（公元 1368 — 公元 1644 年）
高 28.5 厘米、口径 12 厘米、底径 12.5 厘米
南澳一号出水
广东省博物馆收藏

Ming dynasty (AD1368 — AD1644)
Height 28.5 cm, Diameter of opening 12 cm, Diameter of base 12.5cm
Retrieved from the wreck of Nan"ao No.1
Guangdong Museum

青花缠枝菊纹盖盅
**Lidded blue-and-white Zhong(container)
with interlocking chrysanthemum design**

明代（公元 1368 — 公元 1644 年）
高 16 厘米、口径 18.5 厘米
南澳一号出水
广东省博物馆收藏

Ming dynasty (AD1368 — AD1644)
Height 16 cm, Diameter of opening 18.5cm
Retrieved from the wreck of Nan"ao No.1
Guangdong Museum

青花花鸟纹盘
**Blue-and-white plate decorated with flowers
And birds**

明万历（公元 1573 — 公元 1620 年）
高 5.3 厘米、口径 28.8 厘米
南京博物院收藏

The Wanli period of the Ming dynasty (AD1573 —
AD1620)
Height 5.3 cm, Diameter of opening 28.8 cm
Nanjing Museum

青花葫芦瓶
Blue-and-white vase with gourd-shape

明万历（公元 1573 — 公元 1620 年）
高 11.4 厘米、底径 6.2 厘米
南京博物院收藏

The Wanli period of the Ming dynasty (AD1573 — AD1620)
Height 11.4 cm, Diameter of base 6.2 cm
Nanjing Museum

青花团花纹碗
Blue-and-white bowl with posy design

明万历（公元 1573 — 公元 1620 年）
高 10 厘米、口径 21.7 厘米
南京博物院收藏

The Wanli period of the Ming dynasty (AD1573 — AD1620)
Height 10cm, Diameter of opening 21.7 cm
Nanjing Museum

碗礁Ⅰ号 2005 年发掘于福建省平潭县屿头岛附近海域，初步推断其沉没年代约在清康熙中期。打捞出水 1.7 万余件瓷器，大部分为景德镇民窑产品，有青花、青花釉里红、单色釉、五彩等品种。

青花黄釉葫芦瓶
Gourd-shaped vase with blue-and-white design and yellow glaze

清康熙（公元 1662 — 公元 1722 年）
高 17.7 厘米、口径 1.7 厘米、腹围 24.3 厘米、足径 4.2 厘米
平潭碗礁一号出水
福州市博物馆收藏

Emperor Kangxi's reign during the Qing dynasty (AD1662 — AD1722)
Height 17.7 cm, Diameter of opening 1.7 cm, Circumference of belly 24.3 cm, Diameter of base 4.2cm
Retrieved from the wreck of Pingtanwanjiao No.1
Fuzhou Museum

酱色釉青花折枝花卉纹葫芦瓶
Brown glazed blue-and-white gourd-shaped vase with image of flowers on branch

清康熙（公元 1662 — 公元 1722 年）
高 17.3 厘米、口径 1.4 厘米、足径 4.1 厘米
上海博物馆收藏（荷兰倪汉克先生捐赠）

Emperor Kangxi's reign during the Qing dynasty (AD1662 — AD1722)
Height 17.3cm, Diameter of the opening 1.4cm, Diameter of the base 4.1cm
Shanghai Museum (donated by Henk B. Nieuwenhuys, the Netherlands)

青花花卉纹大将军盖罐

Jiangjun(the hat of general liked)blue-and-white lidded jar with floral design

清康熙 (公元 1662 — 公元 1722 年)
通高 62.5 厘米、口径 22.2 厘米、腹围 119.3 厘米、
足径 28.2 厘米
平潭碗礁一号出水
福州市博物馆收藏

Emperor Kangxi's reign during the Qing dynasty
(AD1662 — AD1722)
Height 62.5 cm, Diameter of opening 22.2 cm,
Circumference of belly 119.3 cm, Diameter of base
28.2 cm
Retrieved from the wreck of Pingtanwanjiao No.1
Fuzhou Museum

青花开光人物花卉纹觚
Blue-and-white gu, jug with figures in panels and floral design

清康熙（公元 1662 — 公元 1722 年）
高 26.5 厘米、口径 13.1 厘米、足径 10.7 厘米
平潭碗礁一号出水
福州市博物馆收藏

Emperor Kangxi's reign during the Qing dynasty
(AD1662 — AD1722)
Height 26.5 cm, Diameter of opening 13.1 cm,
Diameter of base 10.7cm
Retrieved from the wreck of Pingtanwanjiao No.1
Fuzhou Museum

五彩开光博古花卉纹盘

Multi-colored plate with antiques and flowers in panels

清康熙（公元 1662 — 公元 1722 年）
高 3.3 厘米、口径 21.2 厘米、足径 11.6 厘米
平潭碗礁一号出水
福州市博物馆收藏

Emperor Kangxi's reign during the Qing dynasty(AD1662 — AD1722)
Height 3.3 cm, Diameter of opening 21.2 cm, Diameter of base 11.6cm
Retrieved from the wreck of Pingtanwanjiao No.1
Fuzhou Museum

五彩折枝花卉纹花瓣形花口深腹杯

Multi-coloured deep-belly cup with plucked fiowe design and flower-shaped rim

清康熙（公元 1662 — 公元 1722 年）
高 7 厘米、口径 8 厘米、足径 3.7 厘米
平潭碗礁一号出水
福州市博物馆收藏

Emperor Kangxi's reign during theQingdynasty(AD1662 — AD1722)
Height 7 cm, Diameter of opening 8 cm, Diameter of base 3.7cm
Retrieved from the wreck of Pingtanwanjiao No.1
Fuzhou Museum

青花花口盘
Blue-and-white plate with flower-shaped rim

清代（公元 1644 — 公元 1911 年）
高 5.4 厘米、口径 37.8 厘米、底径 20.8 厘米
福州市博物馆收藏

Qing dynasty (AD1644 — AD1911)
Height 5.4 cm, Diameter of opening 37.8 cm, Diameter of base 20.8cm
Fuzhou Museum

青花釉里红花卉纹小碗
Blue-and-white Youlihong , underglaze red small bowl with floral design

明末
高 4.7 厘米、口径 8.9 厘米、足径 3.7 厘米
福州市博物馆收藏

Late Ming dynasty
Height 4.7 cm, Diameter of opening 8.9 cm, Diameter of base 3.7cm
Fuzhou Museum

德化窑妈祖坐像
Dehua-Kiln sitting statue of Goddess Mazu

明代（公元 1368 — 公元 1644 年）
高 19.1 厘米、底 13.9×5.9 厘米
福建博物院收藏

妈祖头戴方形平顶冠，身穿冕服，肩披帔，双手藏袖
于胸前，正襟端坐。其左右侧分立千里眼和顺风耳，
皆光头、着短衣短裤，扎对襟方巾，千里眼左手上举
至额，注目远视；顺风耳右手掩耳，作倾听状，形象
极其生动传神。胎质洁白，釉色乳白滋润，微微泛青。
它是德化窑迄今为止唯一的、也是目前已知年代较早
的明代白瓷妈祖坐像之一。

Ming dynasty (AD1368 — AD1644)
Height 19.1 cm, Base size 13.9×5.9 cm
Fujian Museum

隐元草书匾

Plaque with Chinese characters written in cursive script by Yinyuan

明万历（公元 1573 — 公元 1620 年）
画心纵 36 厘米、横 47 厘米，匾纵 42.5 厘米、横 56.5 厘米
福建博物院收藏

The Wanli period of the Ming dynasty(AD1573 — AD1620)
Height of calligraphic work 36 cm, Width 47cm; Height of plaque 42.5 cm, width56.5 cm
Fujian Museum

隐元禅师画像

即非绘岩上观音立轴
**Potrait of Avalokitesvara sitting
on a rock, vertical scroll,by Jifei**

明万历（公元 1573 — 公元 1620 年）
纵 120 厘米、横 29 厘米
福建博物院收藏

The Wanli period of the Ming dynasty
(AD1573 — AD1620)
Height 120 cm, width 29 cm
Fujian Museum

木庵绘文殊菩萨像
普贤菩萨像
**Portraits of Samantabhad
and Manjusri, by Mu"an**

明代（公元 1368 — 公元 1644 年
纵 113.8 厘米、横 42 厘米
福建博物院收藏

Ming dynasty (AD1368 — AD1644)
Height 113.8 cm, width 42 cm
Fujian Museum

《坤舆万国全图》

Map of the World (kunyu wanguo quantu)

明代（公元 1368 — 公元 1644 年）
纵 192 厘米、横 380 厘米
南京博物院收藏

《坤舆万国全图》即世界地图，是耶稣教传教士利玛窦在中国传教时所编绘的。原作 6 幅屏条，后缀连为一图。再后又重新装裱为横幅，遂成纵 192 厘米、横 380.2 厘米的整幅世界地图。该地图原图已佚，今内地所存的明代遗物仅有两幅，其中南京博物院藏彩色摹绘本《坤舆万国全图》是明万历三十六年（公元 1608 年）由宫中艺人根据利玛窦的蓝本摹绘的。利玛窦以当时的西洋世界地图为蓝本绘制此图，并使中国位于图的中央，顺应了中国的传统观念。它是我国最初刊行的世界地图，此后中国绘制的世界地图，一直沿用这种图式。

Ming dynasty (AD1368 — AD1644)
Height 192 cm, width 380 cm
Nanjing Museum

鼻烟壶 最早为意大利人进贡物品，此后
与中国传统工艺和文化情趣相结合，成
为明清时期独具特色的艺术品。

青花粉彩螃蟹花鸟纹鼻烟壶
Blue-and-white famille rose porcelain snuff bottle with crabs, birds and flowers design

清道光（公元 1821 — 公元 1850 年）
通高 6.6 厘米
广东省博物馆收藏

The Daoguang period of the Qing dynasty (AD1821 — AD1850)
Height 6.6 cm
Guangdong Museum

黑发晶鼻烟壶
Tourmalated quartz snuff bottle

清乾隆（公元 1736 — 公元 1795 年）
通高 4.8 厘米
广东省博物馆收藏

The Qianlong period of the Qing dynasty (AD1736 — AD1795)
Height 4.8 cm
Guangdong Museum

铜胎画珐琅鼻烟壶
Painted enamel snuff bottle with a copper body

清代（公元 1644 — 公元 1911 年）
高 6.3 厘米、腹径 4 厘米
山东博物馆收藏

Qing dynasty (AD1644 — AD1911)
Height 6.3 cm, Diameter of belly 4 cm
Shandong Museum

毕荣九内画鼻烟壶
Snuff bottle with picture inside by Bi Rongjiu

清代（公元 1644 — 公元 1911 年）
高 6.8 厘米、宽 3.4 厘米、厚 1.6 厘米
济南市博物馆收藏

Qing dynasty (AD1644 — AD1911)
Height 6.8 cm, Width 3.4 cm, Thickness 1.6 cm
Jinan Museum

金漆三格锡茶叶盖盒
Golden-lacquered lidded tin tea box with three compartments

约 1800 年
长 27.5 厘米、宽 20 厘米、高 15 厘米
广东省博物馆收藏

C. 1800
Length 27.5 cm, width 20 cm, height 15 cm
Guangdong Museum

漆描金人物纹茶叶盒
Gold Lacquered tea box decorated with figures

清代（公元 1644 — 公元 1911 年）
长 23 厘米、宽 14.5 厘米
中国茶叶博物馆收藏

Qing dynasty (AD1644 — AD1911)
Length 23 cm, width 14.5 cm
China National Tea Museum

茶叶外销画
Paintings related to exported tea

清代（公元 1644 — 公元 1911 年）
长 52 厘米、宽 45 厘米
中国茶叶博物馆收藏

Qing dynasty (AD1644 — AD1911)
Length 52 cm, Width 45 cm
China National Tea Museum

景泰蓝鎏金熏炉
Jingtailan,gilded cloisonné censer

清乾隆（公元 1736 — 公元 1795 年）
高 22.3 厘米、口径 11.5 厘米
华侨博物院收藏
焚香熏炉。炉呈圆柱形。口沿部分饰铜鎏金錾花缠枝莲纹，双方耳饰铜鎏金如意云气纹、缠枝莲纹，器身下具铜鎏金三象鼻足，炉上置鎏金錾花双龙镂空纹盖，卧象盖纽饰莲瓣纹及如意云气纹，炉底刻飞凤穿花纹饰。此件器物以浅蓝色珐琅为地，掐丝活泼，形象生动，显示出太平盛世气象。炉底楷书"乾隆年制"四字款。

Emperor Qianlong's reign of the Qing dynasty (AD1736 — AD1795)
Height 22.3 cm, Diameter of opening 11.5 cm
Overseas Chinese Museum

巨型玳瑁标本
Large hawksbill sea turtle specimen

通长 112 厘米、通宽 82 厘米、通高 30 厘米
泉州华侨历史博物馆收藏

Length 112 cm, Width 82 cm, Height 30 cm
Quanzhou Museum of Overseas Chinese History

西班牙银币
Spanish silver coins

公元 1736 — 公元 1771 年
直径 3.7 — 3.9 厘米、厚 0.2 — 0.3 厘米
湛江市区百姓村建筑工地出土
湛江市博物馆收藏
西班牙银币，1987 年在广东省湛江市区百姓村建
筑工地出土。现存 35 枚在湛江市博物馆。每个银
币上都标有年号，分别为 1736 — 1771 年间，并有
"SPAN·ET IN □ R"、"VTR AQUE" 等字样。
银币上又戳印有"又"、"利"、"元"、"吉"、
"当" 等中文，疑为中国钱庄号。

(AD1736 — AD1771)
Diameter 3.7 — 3.9 cm, Thickness 0.2 — 0.3 cm
Unearthed in a construction site in Baixing in the urban
area of Zhanjiang, Guangdong
Zhanjiang Museum

透雕白玉兰花犀角杯
Magnolia-shaped rhinoceros horn cup in openwork

清代（公元 1644 — 公元 1911 年）
高 13.4 厘米、口长 18.2 厘米、底长 6.9 厘米
山东博物馆收藏

Qing dynasty (AD1644 — AD1911)
Height 13.4, Diameter of opening 18.2, Diameter of base 6.9 cm
Shandong Museum

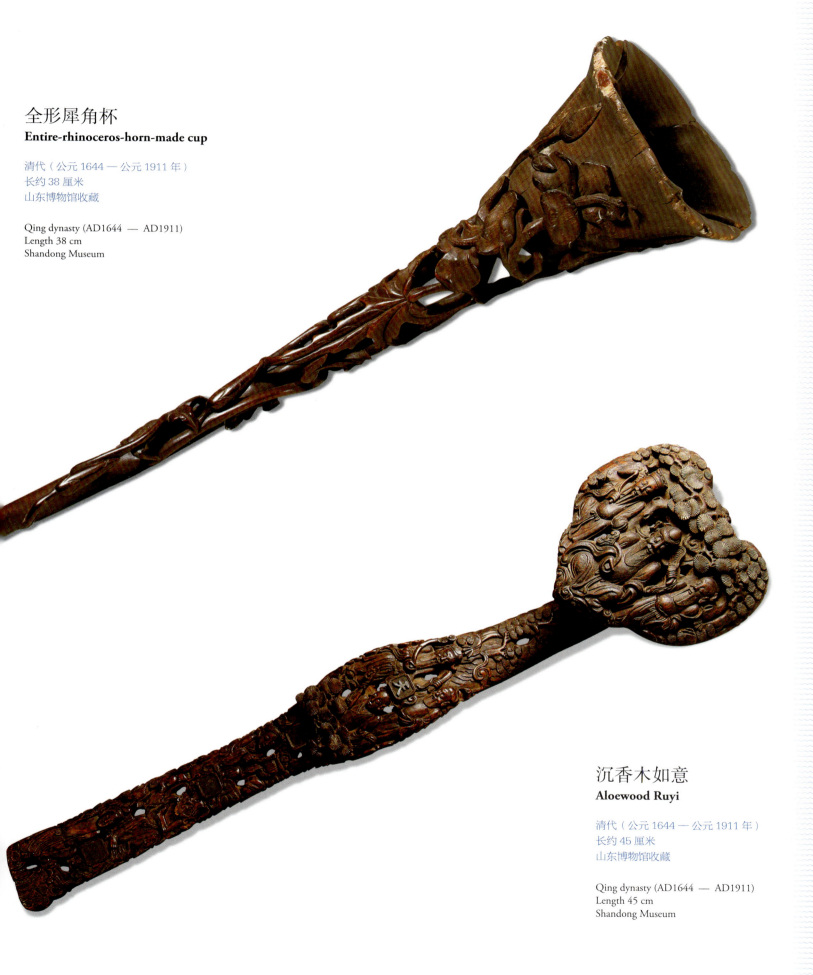

全形犀角杯
Entire-rhinoceros-horn-made cup

清代（公元 1644 — 公元 1911 年）
长约 38 厘米
山东博物馆收藏

Qing dynasty (AD1644 — AD1911)
Length 38 cm
Shandong Museum

沉香木如意
Aloewood Ruyi

清代（公元 1644 — 公元 1911 年）
长约 45 厘米
山东博物馆收藏

Qing dynasty (AD1644 — AD1911)
Length 45 cm
Shandong Museum

重铸辉煌

昔日辉煌并未随着岁月远去。当今，海洋已成为国际交往的最重要渠道，中国古老的海洋记忆被日益唤醒。改革开放后对外贸易的全面复兴带动海岸线上众多古老的港口重新焕发出蓬勃生机，托起中华民族和平崛起的新希望。

宁波北仑港（浙江省）（宋兴国 摄）
Beilun Port in Ningbo (Zhejiang Province) (Photo by Song Xingguo)

青岛港（山东省）
Qingdao Port (Shandong Province)

厦门东渡港区（福建省）
Dongdu Harbour District in Xiamen (Fujian Province)

南通港（江苏省）（明朗 摄）
Nantong Port (Jiangsu Province) (Photo by Ming Lang)

广州新沙港（广东省）
Xinsha Port in Guangzhou
(Guangdong Province)

防城港码头（广西壮族自治区）
Fangcheng Port (Guangxi Zhuang
Autonomous Region)

海口市海口港（海南省）
Haikou Port in Haikou (Hainan
Province)

广交会（China Import and Export Fair）

广交会即中国进出口商品交易会，创办于1957年春，每年春秋两季在广州举办，迄今已有五十余年历史，是中国目前历史最长、层次最高、规模最大、商品种类最全、到会客商最多、成交效果最好的综合性国际贸易盛会。自2007年4月第101届起，广交会由中国出口商品交易会更名为中国进出口商品交易会，由单一出口平台变为进出口双向交易平台。

第 111 届广交会在广东琶洲举办（图为琶洲会展中心俯瞰）

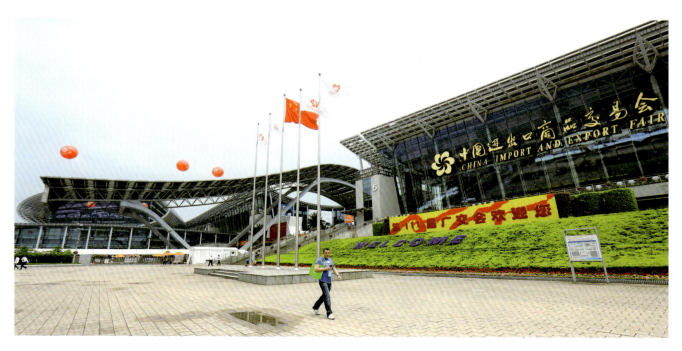

琶洲会展中心

Pazhou International Pavilion, 111th China Import and Export Fair

专题研究部分

元代的海外贸易

陈高华

元代，随着历史上规模空前的统一多民族的中央集权国家的出现，我国与亚、非各国的政治、经济、文化各方面的联系，比起前代来，都有很大的发展。国际贸易是各国人民之间经济交流的一种重要方式。元代的国际贸易，包括海道贸易和陆路贸易两个方面，而以海道贸易占主要地位。本文准备对元代海外贸易的情况作一些初步的考察，目的在于从一个侧面来阐明当时我国与亚、非各国的友好关系。

一

我国通过海道与其他国家进行贸易，从汉代起，就有明确的记载。到了宋代，海外贸易规模之大，远远超过了前代。

元朝政府在消灭南宋政权、统一全国的同时，立即着手组织海外贸易。元世祖至元十四年（一二七七），当元军取得浙、闽等地后，元朝政府就沿袭南宋制度，在泉州、庆元（浙江宁波）、上海、澉浦四地，设立市舶司，招降并重用原南宋主管泉州市舶的官员蒲寿庚。至元十五年（一二七八）八月，忽必烈命福建行省向外国商船宣布："其往来互市，各从所欲"[1]。由于政府的积极提倡，海外贸易在改朝换代之际，不但没有受到影响，而且有所发展。

在忽必烈统治的末年，曾一度"禁商泛海"。但成宗即位（一二九四），立即取消了这一禁令。大德七年（一三〇三），又"禁商下海"，取消市舶机构。武宗至大元年（一三〇八）恢复。至大四年（一三一一），再次革罢市舶机构。仁宗延祐元年（一三一四）复立。延祐七年（一三二〇），又"罢市舶司，禁贾人下番"。但到英宗至治二年（一三二二），"复置市舶提举司于泉州、庆元、广东三路"[2]。前后四禁四开。自此以后，一直到元朝灭亡，没有再发生变动。元朝政府屡次取缔，主要出于政治上的暂时需要；而每次取缔后不久就被迫重开，说明海外贸易已成为国民经济中相当重要的组成部分。

有元一代，经由中央政府先后指定开放的对外贸易港口，最多时有泉州、庆元、广州、上海、澉浦、温州、杭州等七处，但兴废不常。到元末，仅有泉州，广州、庆元三处。在这些港口，元朝政府设置市舶提举司（简称市舶司），管理市舶即海外贸易事宜。最初，市舶司由中央政府指定有关行省的高级官员负责。后来，一度与盐运司合并。成立都转运司。不久，又将二者分开，以市舶司隶泉府司（院）和致用院。最后，改隶行省。

元朝关于市舶的制度，"大抵皆因宋旧制，而为之法焉"[3]。至元三十年（一二九三），在原南宋市舶官员参与下，正式制定了市舶法则二十二条[4]。延祐元年（一三一四），重颁市舶法则二十二条[5]。二者内容基本相同，主要包括：市舶抽分抽税办法，舶船出海手续，禁运物资种类，市舶司职责范围，以及外国商船的管理办法，等等。这些法则的主要精神，是使海外贸易处于元朝政府的严密控制之下。

根据市舶法则的规定，出海贸易的船只、人员、货物，都要经市舶司审核批准，发给公验、公凭，方能成行。开船时，市舶官员还要"检视""有无违禁之物"（金银、兵器、粮食等都禁止出口）。舶船出海，只许往原申请前往的地区贸易，"不许越过他国"[6]。出海贸易均须在规定期限内返回。返航时，"止赴原请验、凭发船舶司抽分，不许越投他处"，更严禁中途"渗泄作弊"。舶船返航途中，市舶官员提前到"年例停泊去处"，"封堵坐押赴元发市舶司"，如庆元、上海等处的市舶官员往往赶到温州甚至潮州海面去"封海舶"[7]。待舶船进港靠岸时，"又行差官监殷入库，检空船只，搜检在船人等，怀空方始放令上岸"。所有舶船货物均须抽分。抽分时，"省官亲临，具有定制"[8]。开始时细货（珍宝、香料等高级商品）十分抽一，粗货（一般商品）十五分抽一。延祐元年（一三一四）改为细货十分抽二，粗货十五分抽二，加了一倍。抽分之后，还要交舶税，三十抽一。完成上述手续后，才允许"舶商发卖与贩客人"。违反上述任何一项规定的，轻则没入船货，重则处罪判刑。

对于"番船"（外国商船）所载货物和中国舶船"夹带南番人将带舶货者"，也"照数依例抽解"，然后由市舶司差人"发卖其应卖物货"。"番船"回还本国时，也由市舶司发给公凭、公验，并在公验内"附写将去物货，不许夹带违法之物"[9]。

上述办法主要适用于自行造船出海贸易的商人和"番船"。此外，元朝政府还实行过"官本船"的办法，即由政府"具船给本，选人入番贸易诸货，其所获之息，以十分为率，官取其七，所易人得其三"[10]。最初实行这个办法是在至元二十二年（一二八五）。元朝政府想用这种办法垄断海外贸易，不许"别箇民户做买卖的"下海，为此拨出了十万定钞做经费[11]。后来不许私商下海之法没有行通，但"官本船"一直存在。例如，大德五年（一三〇一）杨枢"浮海至西洋"，就是乘的"官本船"[12]。元代后期，市舶司在一度取消后重新恢复时，泉州曾"买旧有之船，以付舶商"，这些船当然也成了"官本船"[13]。拿国家本钱从事海外贸易的商人，叫做"斡脱"[14]。元朝政府设置的发放高利贷机构斡脱总管府发放给"海蕃市诸蕃者"贷款的利息为八厘，比起一般来要轻四分之三[15]。

在元代的对外贸易港中，以泉州，广州，庆元三处较为重要，其中尤以泉州占首位。泉州以"刺桐"一名著称，为当时世界各国商人、旅客所熟知。大旅行家马可·孛罗、伊本·拔图塔等，都对这个海港的规模和繁荣情况称赞不已，认为是世界最大的海港之一。马可·孛罗说："印度一切船舶运载香料及其他一切贵重货物咸莅此港"[16]。摩洛哥人拔图塔曾在此港看见大舶百数、小船不可胜计[17]。当时我国的记载也称它为"番货，远物，异宝，奇玩之所渊薮，殊方别域富商巨贾之所窟宅，号为天下最"[18]。广州自唐、宋以来，一直是海外贸易的重要港口。元代，与之发生贸易关系的国家和地区"视昔有加焉"，"而珍宝之盛，亦倍于前志之所书者"[19]。这两个港口，主要从事对东，西洋的贸易（东、西洋见本文第二部分）。浙东的庆元，则是我国对日本和高丽贸易的主要港口，同时也有部分从事东、西洋贸易的船舶由此进出，"是邦控"岛夷"，走集聚商舸，珠香杂犀象，税入何其多！"[20]

杭州，温州也是历史悠久的贸易港。南宋后期，废弃了杭州、温州的市舶务，使这两个港口的对外贸易一度中断。到了元代，又重新繁荣起来。杭州"旁连诸蕃，椎结卉裳"[21]。温州有专供商舶使用的码头[22]。13 世纪末周达观前往真腊（柬埔寨），便是"自温州港口开洋"的[23]。此外，澉浦则在南宋后期创立"市舶场"的基础上，发展成为一个具有相当规模的港口，"远涉诸番，近通福、广，商贾往来"，被称为"冲要之地"[24]。上海原是松江府华亭县的一部分，至元二十七年（一二九〇）始正式建县，不久又设市舶司。上海及其附近的昆山、嘉定一带，"数十年来，习始变，舟楫极蛮岛，奇货善物，往往充上国"[25]。昆山原来本是墟落，"居民鲜少"。元代兴起，被称为六国码头，"番、汉间处，闽广混居"，"海外诸番，亦俱集此贸易"[26]。元末，尽管这里的市舶司取消了，但中外商舶仍常由这里进出。澉浦和上海的兴起，正说明了元代海外贸易在前代基础上有了新的发展。

元朝政府每年从市舶获得巨额收入。抽分所得的实物，除一部分上供最高统治集团挥霍外，其余都由市舶司就地出售，"将民间必用并不系急用物色，验分数互相搭配，须要一并通行发卖，作钞解纳"[27]。发卖抽分和市舶税所得物货的收入，在元代中期每年达数十万定钞之多[28]。无怪当时人们说；"此军国之所资"了[29]。

二

元代从事海外贸易的商人，称为舶商，在国家户籍上，专成一类，称为舶户，或舶商户。

舶商户中有不少自己拥有船只和雄厚资金的大商人。以嘉定一地为例，元代中期这里有"赀巨万"的海商朱、管二姓[30]。朱、管二家因互相争霸被元朝政府籍没后，又有"下番致巨富"的沈氏[31]。此外，还有许多中、小商人，他们无力自备船只，只能充当有船大商人的"人伴"，"结为壹甲，互相作保"，下海贸易，或是在舶船上充任各种职务或"搭客"，捎带货物，出海买卖[32]。

元代的贵族官僚，也常常经营海外贸易，牟取暴利。最有名的是元代前期的朱清、张瑄。他们以经营海道漕运得到元世祖的赏识，高官厚禄，利用职权，"巨艘大舶帆交番夷中"[33]。

元代海上航行的商船称为舶船。当时的记载说."尝观富人之舶，挂十丈之竿，建八翼之橹，长年顿指南车坐浮庆土，百夫建鼓番休整如官府令。拖碇必良，綍必精，载必异国绝产"[34]。这些"挂十丈之竿，建八翼之橹"的海舶，大概是载重一、二千料的船[35]。宋代修造二千料海舶已很普通，大的有达五、六千料者[36]，元代相去不远。

"料"的确切涵义不清楚[37]，但由元代记载可知千料船载重千石[38]。据此，则二千料船载重应在二千石左右。元制，一石重一百二十斤，按此计算，二千料船载重约为一百二十吨左右，若五千料船，载重应在三百吨左右。根据元代记载，贩卖私盐的"在海大船"，载盐少者数百引，"多者千余引"[39]。元制盐一引四百斤，若千引则为二百吨，若千五百引则为三百吨，可知当时海船载重二三百吨已不罕见。这样规模的海舶，根据马可·孛罗等外国旅行家记载，当时中国海船大都以松木制成，船底二或三层（有的说四层）。普通四桅，也有五桅或六桅。每船分隔成十余舱或数十舱。附带小船，供碇泊时上岸采柴汲水之用。元代一些记载，也提供了关于海船构造的若干资料。海舶两旁都用"大竹帮夹"，和宋代海舶一样，目的是为了保持稳定，便于破浪航行[40]。舵杆普遍用铁梨木（或作铁棱木）。"铁梨之木世莫比"，"来自桂林，日本东"，这种木材坚固耐用，价值甚贵，造船时往往"不惜千金置"[41]。铁锚大者重数百斤，下有四爪[42]。还有木制的碇，也就是马可·孛罗所说的木锚。

　　元代我国劳动人民的航海技术也达到了很高的水平。指南针已成为海舶必备之物。当时有关海上航行的文献中常有"行丁未针"、"行坤申针"等记载，即是根据指南针在罗盘上的位置以定方向，这就是所谓"针路"[43]。在海上航行的水手和商人，都把"子午针"看成是"人之命脉所系"，"针迷舵失"，是对海舶的致命威胁[44]。海上季节风（信风）的规律早已为我国水手熟练掌握。元代去东、西洋诸国，"遇冬汛北风发舶"，利用东北风启航；一般是在"次年夏汛南风回帆"[45]。去高丽则正好相反，去乘南风，夏季发船，冬季乘北风回帆。风顺时三五天可到。去日本，一般在夏天，利用西南季节风，回国多在春，秋二季，利用东北季节风。顺风时十天左右。

　　舶船内部有严密的组织。每条舶船上都有纲首、直库、杂事、部领，火长，舵工，梢工、碇手等职务分工。他们是船上的技术人员和水手，都是由商人招募来的。纲首即船长，直库负责管理武器。杂事、部领的具体职责不详，杂事大概负责日常杂务，部领也许就是水手长。火长就是领航员，掌管指南针。舵工或称大翁（大工），又称长年，负责掌舵。"大工驾柂如驾马，数人左右拽长牵，万钧气力在我手，任渠雪浪来滔天"[46]。碇手负责碇、锚。"碇手在船功最多，一人唱歌百人和，何事深浅偏记得，惯曾海上看风波"[47]。梢工则是一般水手。管理樯，桅的水手称为亚班。

　　由于元代我国海舶制造和航海技术都居于世界先进之列；再加上全国统一以后，农业、手工业都得到一定的恢复和发展，能够为海外贸易提供丰富的物资。因此，我国商舶东起高丽、日本，西抵非洲海岸，十分活跃。

　　根据元成宗大德八年（一三〇四）刊印的《南海志》中有关市舶的记载[48]，当时与广州发生贸易关系的国家和地区，已达一百四十处以上。这些国家和地区，东起菲律宾诸岛，中经印尼诸岛、印度次大陆，直到波斯湾沿岸地区、阿拉伯半岛和非洲沿海地区。其中有相当一部分地名，不见于其他记载。这份资料，充分说明了元代贸易活动的范围远远超过了前代。不仅如此，它还将所有这些国家和地区，划分为大东洋，小东洋，小西洋等几个区域。从元代其他记载看来，东、西洋的名称已经广泛应用[49]。明、清两代都沿用这些名称。和前代将这些国家和地区统称为"南海诸国"相比较，这种区域划分显然进了一大步。它说明由于海外贸易的开展，我国人民的海外地理知识不断增长。

　　元朝末年大旅行家汪大渊撰写的《岛夷志略》一书，是关于这一时期我国海外贸易活动的另一份珍贵文献。汪大渊先后两次"附舶以浮于海"，回国后将自己的见闻记录下来，全书包括九十余个国家和地区，"皆身以游览，耳目所亲见"[50]。根据他的记载，我们可以知道，元朝商舶遍及东、西洋各地，经常出入于波斯湾的波斯离（今巴士拉）、层拔罗（桑给巴尔）等处。宋代，从中国到故临（元代的俱蓝，印度西南部）都乘坐中国船，再往西去，就要换乘大食（阿拉伯人—引者）的船只[51]。到了元代，情况显然发生了很大变化，中国商船已成为波斯湾和非洲各大海港的常客了。

元代的官方文书里也常说舶船前往"回回田地里"和"忻都田地里"[52]。前者指的是阿拉伯半岛、波斯湾沿岸和非洲东北部广大地区。后者指的就是印度次大陆。

外国的记载也证明了元代商舶在亚、非地区有很大影响。交趾：（越南北部）的贸易港云屯，"其俗以商贩为生业，饮食衣服，皆仰北客（中国商人—引者）"[53]。印度的马剌八儿，商品大部运往中国，西运者不及东运的十分之一[54]。伊本·拔图塔说，由印度到中国航行，只能乘坐中国商船。他在印度港口古里佛（加尔各答）曾看到同时停泊着十三艘中国商船[55]。

三

元代我国通过海道向亚，非各国输出的商品，可以分为农产品和手工业产品两大类，而以手工业产品为主。

农产品主要是谷米。至元二十五年（一二八八）的一份官方文书中提到，广州商人于乡村籴米百石、千石甚至万石，搬运到"海外占城诸番出粜"[56]。但因元朝政府屡加禁止，所以总的来说它在对外贸易中不占重要地位.

手工业产品又可分为如下几类；

（一）纺织品。包括苏、杭五色缎，绸、绢、布（花布、青布）等。丝也是重要出口物资。纺织品是我国历史悠久的传统出口物资，享有极高声誉，深受亚，非各国人民欢迎。

（二）瓷器、陶器。包括青白花碗，瓦瓮、粗碗，水埕、罐、壶、瓶等。至今西南亚地区伊朗、土耳其等不少国家的博物馆中都保存有元代青花瓷器，非洲不少地区也有元代瓷器遗物出土。伊本·拔图塔说，中国瓷器品质最佳，远销印度和其他国家，直到他的家乡摩洛哥[57]。

（三）金属和金属器皿。金，银都是禁止出口的东西，但实际上仍有不少泄漏出去。此外，出口的金属器皿有铁条、铁块等半成品和锡器、铜器（鼎、锅）、铁器（碗。锅）等物。

（四）日常生活用品。如木梳，漆器、雨伞、席，针、帘子等。

（五）文化用品。包括各种书籍、文具和乐器。书籍和文具主要对高丽和日本出口。

（六）经过加工的副食品。如酒，盐，糖等[58]。

大体说来，上述各种商品的大多数在宋代甚至更早已成为我国的出口商品，但是元代质量有所改进（如青花瓷器），数量也有所增加。这些商品除了一部分系供各国统治阶级消费之外，很大一部分都是人民生活和生产所必须的物资。例如，周达观在真腊看到，当地人民"盛饭用中国瓦盘或铜盘"，"地下所铺者，明州（宁波——引者）之草席"[59]。还值得指出的是，当时我国若干手工业产品的出口，对于有些亚非国家手工业技术的发展，起了一定的作用。如埃及的工人就仿制中国的青花瓷器，瓷胎用本地出产的陶土，瓷器上常有阿拉伯工人的名字。高丽原买中国的琉璃瓦，后自行燔制，"品色愈于南商（指由海道去的中国南方商人—引者）所卖者"[60]。

元代我国从亚、非各地进口的商品，种类极多。《南海志》记载有七十余种，主要是从东、西洋进口的。《（至正）四明续志》所载市舶物货达二百二十余种，既有来自东、西洋的货物，也包括自日本、高丽进口的商品[61]。将二者汇总，去掉重复，可知当时进口商品不下二百五十种。

将这些商品加以简单分类就会发现，珍宝（象牙、犀角、珍珠、珊瑚等）和香料（沉香、速香、檀香等，总数在四十种以上）占了很大一部分。这些商品主要满足统治阶级奢侈生活的需要，但香料中有些可作药材。另一类重要物资是药材，《南海志》登录了二十四种，《（至正）四明续志》所记更多，除了从东、西洋进口的没药、阿魏、血竭等药物外，还从高丽大量输入茯苓、红花等物。进口的其他物资包括布匹（白番布、花番布、剪绒单、毛驼布等）、器皿（高丽出产的青器和铜器，东、西洋诸国出产的藤席、椰簟等）以及皮货、木材（包括船上用的铁梨木）、漆等物。日本出产的木材受到我国人民欢迎，是建筑和造船的极好材料。高丽出产的新罗漆，质量很高，最适于饰蜡器。

《南海志》说：元代"珍货之盛"，"倍于前志之所书者"。可惜，宋代广州进口物品缺乏详细记载，难以比较。但是，庆元地区宋、元两代都有记载，可资比较。据南宋《（宝庆）四明志》所载，市舶物货共一百六十余种[62]。而元代《（至正）四明续志》所载则为二百二十余种。这两个数字，雄辩地说明了元代海外贸易比起前代来有更大的规模。

我国从事海外贸易的商船，不仅与亚、非各国直接贸易，而且在各国之间转贩各种商品，如将西洋诸国出产的布匹贩运到东洋各国出售，将北溜（马尔代夫群岛）出产的叭子（即贝壳，东、西洋某些地区以此作货币，元代我国云南地区亦以此作为货币，与金银、纸钞同时流通）运到乌爹（印度西部乌代浦尔）等处换米，贩占城（越南南部）布到吉兰丹（马来亚南部）等。对于促进这些国家和地区的经济交流，起了积极的作用[63]。

元代我国商舶与亚、非各国的贸易，有的采取以物易物的方式，如灵山（越南燕子岬）出产的藤杖，一花斗锡可换一条，"粗大而纹疏粗者"则可易三条。巴南巴西（印度西部）的细棉布，"舶人以锡易之"。有的则用金、银作交换手段，如龙涎屿（苏门答腊西北巴拉斯岛）出产的香料，"货以金、银之属博之"。值得注意的是，由于与中国商舶贸易往来频繁，不少国家、地区的货币已与元代纸钞之间，建立了一定的汇兑比例关系。交祉：铜钱"民间以六十七钱折中统银（钞）壹两，官用止七十为率"。罗斛（泰国南部）用叭子作货币，"每一万准中统钞二十四两，甚便民"。乌爹等处行用银钱和叭子，每个银钱"准中统钞一十两，易趴子计一万一千五百二十余"[64]。

除了贸易活动外，中国商人和水手还积极向各国各地区人民介绍我国的生产技术。火药是中国人民一大发明，元末传到高丽，介绍火药技术的便是一个"江南商客"[65]。真腊原来席地而卧，新置矮桌、矮床，"往往皆唐人制作也"。原来当地无鹅。"近有舟人自中国携去，故得其种"[66]。

和平友好的贸易关系，大大加深了中国与亚、非各国人民之间的友谊。当时东、西洋各国都称中国人为唐人，中国商舶为唐舶。文老古（摩鹿加群岛）人民"每岁望唐舶贩其地"；沣泥（加里曼丹岛）人"尤敬爱唐人，醉则扶之以归歇处"；麻逸（菲律宾明多罗岛）的商人将中国商舶的货物"议价领去，博易土货，然后准价［偿］舶商，守信终始，不爽约也"[67]。

四

上面我们简略叙述了元代海外贸易的情况。最后，还想指出的是：

（一）海外贸易虽然是在元朝政府和大商人控制和组织下进行的。但是，如果没有农民和手工业者创造了大量可资海外贸易之用的物资，没有造船工人修造了可供海上航行之用的船舶，没有许多船员和水手不畏风险，驾驶船舶，那么，海上贸易是无法进行的。通过海外贸易，促进了我国与亚、非各国人民之间的经济、文化交流，加深了彼此之间的友谊，这是统治阶级所不曾意料到的。这是广大劳动人民的历史功绩，而不应该记在统治阶级的账上。

（二）元朝统治者出于剥削阶级贪婪的本性，曾经与某些邻近的国家发生过冲突。但是，从整个元代来看，这些冲突不过是历史长河中的小小逆流，友好的交往始终是我国和亚、非各国之间关系的主流。这一点是任何人也否认不了的。

（三）元朝统治者和大商人从事海外贸易的目的，是满足自己奢侈生活的需要，海外贸易的成果绝大部分也为他们所侵吞。在当时的历史条件下，海外贸易的发展有很大的局限性，我国人民与各国人民的交往也受到很大限制。只有在社会主义的今天，在人民当家作主的条件下，我国的海外贸易才有可能蓬勃发展，我国人民也才有可能充分发展同各国人民的友好关系，对人类做出较大的贡献。

（原文刊于《历史研究》1978 年 3 期）

注　释

[1]《元史》卷十，《世祖纪七》。

[2] 以上见《元史》各有关《本纪》。

[3]《元史》卷九四，《食货二·市舶》。

[4]《元典章》卷二二，《户部八·市舶》。

[5]《通制条格》卷一八，《关市·市舶》。

[6] 越过原申请地区，到其他国家贸易，称为"拗蕃"，"例籍其货"。见《元史》卷一八四，《王克敬传》。

[7] 危素：《彭君墓志铭》，《危太朴文续集》卷五。许有壬：《李公神道碑铭》，《至正集》卷六一。

[8] 程端礼：《监抽庆元市舶右丞资德约苏穆尔公去思碑》，《畏斋集》卷五。

[9] 上述引文凡未注明出处者均见《市舶法则》。

[10]《元史》卷九四，《食货二·市舶》；卷二〇五，《卢世荣传》。

[11]《元典章》卷二二，《户部八·市舶》。

[12] 黄晋：《海运千户杨君墓志铭》，《金华黄先生文集》卷三五。

[13]《元史》卷一九二，《王艮传》。

[14]《元典章》卷二二，《户部八·杂课》。

按，"斡脱"原系阿拉伯语"商队"之意。元代凡用官本从事高利贷或其他活动的，概称"斡脱"。

[15] 姚燧：《高昌忠惠王神道碑铭》，《牧庵集》卷一三。

[16] 《马可·孛罗游记》，玉尔 (H. Yule) 英译本，一九〇三，Ⅱ——一二三页。

[17] 《伊本·拔图塔亚非旅行记》，吉朋 (H. gibb) 英文节译本，一九二九，第二八七页。

[18] 吴澄：《送姜曼卿赴泉州路录事序》，《吴文正公集》卷一六。

[19] 陈大震：《南海志·舶货》，见《永乐大典》卷一一九〇七。

[20] 张翥：《送黄中玉之庆元市舶》，《元音》卷九。

[21] 黄晋：《江浙行中书省题名记》，《金华先生文集》卷八。

[22] 黄晋：《永嘉县重修海塘记》，《金华先生文集》卷九。

[23] 《真腊风土记》。

[24] 《元典章》卷五九，《工部二·造作》。

[25] 袁桷：《乐善堂记》，《清容居士集》卷一九。

[26] 杨惠：《(至正)昆山郡志》卷一，《风俗》。顾祖禹：《读史方舆纪要》卷二四，《江南六。太仓州》。按，当时市舶司设在上海，但主要海港码头则是昆山的刘家港，海运漕粮和商舶均由此进出，如延祐时，有"上都国师亦取道兹境"附商舶去阇婆国，见《江苏通志稿. 金石》卷二十。《昆山州重建海宁禅寺碑》。

[27] [28] 《通制条格》卷一八，《关市·市舶》。

[29] 《元史》卷二六，《仁宗纪三》。

[30] 《元史》卷一六九，《贾昔刺传》。

[31] 宋濂：《汪先生神道碑》，《宋文宪公全集》卷五。

[32] 陶宗议：《辍耕录》卷二七，《金甲》。

[33] 《辍耕录》卷五，《朱张》。

[34] 任士林：《送叶伯几序》，《松乡先生文集》卷四。

[35] 据宋代徐兢：《宣和奉使高丽图经》所载，载重二千斛的海舟"大樯高十丈"，"每舟十橹"。者形制颇为相近。

[36] 吴自牧：《梦粱录》卷十二，《江海船舰》。

[37] "料"可能是船舶容量的计算单位，也可能是造船用木量的计算单位。有待进一步研究。

[38] 《经世大典·海运》，见《永乐大典》卷一五九四九。

[39] 《南台备要·建言盐法》，见《永乐大典》卷二六一一。

[40] 《海运新考·成造船式》。

[41] 李士赡：《坏舵歌》，《经济文集》卷六。

[42] 周密：《癸辛杂识》续集，卷上，《海蛆》。

[43] 周达观：《真腊风土记》。

[44] 汪大渊：《岛大志略》。子、午是罗盘上正南、正北的标志。

[45] 《通制条格》卷十八，《关市·市舶》。

[46] [47] 贡师泰. 《海歌十首》，《玩斋集》卷五。

[48] 此书系广州的地方志，陈大震辑。原书早已散佚，但在《永乐大典》卷一一九〇七广字部中保存了下来。有关市舶部分史料价值很高，值得很好研究。

[49] 如《岛夷志略》、黄晋；《海运千户杨君墓志铭》(见前) 等。

[50] 《岛夷志略》后序。

[51] 周去非：《岭外代答》卷二，《外国门上》。

[52] 《通制条格》卷二十七，《杂令》。

[53] 《大越史记全书》卷五，《陈纪一》。

[54] 《马可·孛罗游记》，玉尔英译本，Ⅱ一一三九〇页。

[55] 《伊本·拔图塔亚非旅行记》，吉朋英文节译本，第二三五页。

[56] 《通制条格》卷十八，《关市·下番》。

[57] 《伊本·拔图塔亚非旅行记》，吉朋英文节译本，第二八三页。

[58] 上述出口物资种类. 主要根据《岛夷志略》，同时也参考了其他记载。

[59] 《真腊风土记》。

[60] 《高丽史》卷二八，《忠烈王世家一》。

[61] 卷五，《土产·市舶物货》。

[62] 卷六，《叙赋下·市舶》。

[63] 《岛夷志略》。

[64] [65] 《岛夷志略》。

[66] 《李朝太祖实录》卷七。

[67] 《真腊风土记》。

明代市舶司制度的演变

陈 尚 胜

内容提要：长期以来，我们对海外贸易管理制度史缺乏足够的注意和研究。本文试图以明代市舶司制度演变为线索，考察由唐宋元明四代市舶司制度向清代行商制度与海关制度演变的过程。

市舶司是我国唐宋元明四代封建王朝在主要通商口岸设立的，用来检查出入海港的贸易船舶、征收关税、收购政府专买品、管理进出口货物贸易以及其他对外事务的专门机构。

明代的市舶司制度，不仅是朱明王朝的海外贸易管理制度，而且也是它用来实行闭关锁国政策的有力工具。明太祖设立市舶司机构的用意，在于"通夷情、抑奸商，俾法禁有所施，因以消其衅隙也。"[1] 因此，从明初始，市舶司制度就已与宋元时期的制度发生了较大的变化。

明代市舶司制度，主要为勘合、关税和贸易管理制度。即市舶司机构所执行的"辨勘合、征私货、平交易"的规章办法。勘合制度是明代广泛实行的一种制度。它用于海外贸易事务，目的在于区别外国官方与民间的贸易船舶，维持两国官方的朝贡贸易。但正德以后，进入市舶司港口的外国船舶已超出"贡舶"范围，勘合制度遭到破坏。外国朝贡船舶的货物，可以分"贡品"与"私货"两类。贡品为海外国家使节朝贡朱明王朝的货物，市舶司机构不能征税。而所谓私货，则是外国朝贡使节随朝贡带来的贸易货物。明前期，市舶司对私货并没有征收进口税，而是实行了一种由官府进行的高价收买的"给价收买"制。因财政的原因，正德以后，市舶司开始实行"抽分"制，即对"私货"征收进口税。税率维持在 20％左右。以后又发展到"丈抽"，即噸位税。征税亦由实物到货币，由进口到出口。

明前期中外贸易主要集中在京师会同馆．市舶司港口的贸易，由市舶司机构组织进行，并负责平准物价。正德以后，随着市舶司港口互市贸易的相对繁荣，牙人作为中介商人的作用日渐增强，牙行代替了市舶司机构的管理贸易职责。显然，大约于正德时期，市舶司制度又发生了变化。根据这种变化。我们将明代市舶司制度划分为前、后两个不同时期来分析。

明前期的市舶司制度，继唐、宋、元三代的市舶司制度发展变化而来．关于它的特点，李剑农先生曾指出，它"已呈变态"[2]。假如我们对宋元明三代市舶司制度进行一番比较，就更容易观察到明前期市舶司制度演变的特点。

其一，从封建王朝对待海外贸易的态度观察，明初设置市舶司的目的，不是为了发展海外贸易，而是为了政治上的怀柔远人。宋、元两代封建王朝对于海外贸易，基本上都采取了积极提倡的态度。他们设置市舶司的目的，在于从海外贸易中获取封建王朝所需要的财政收入。宋神宗曾说："东南利国之大，商舶亦居其一焉。"[3]元代的统治者也清楚地认识到，"有市舶司的勾当，是国家大得济的勾当。"[4]明初设置市舶司是否也有经济方面的目的？明人王圻认为，明设市舶司在于"通华夷之情，迁有无之利，减戍守之费。又以禁海贾、抑奸商使利权在上。"[5]按，所谓"减戍守之费"，即有获取财政收入的经济目的。然而，事实并非如此。洪武四年七月，明太祖"谕福建行省；占城海舶货物，皆免其征，以示怀柔之意。"[6]同年九月，"户部言高丽、三佛齐入贡。其高丽海舶至太仓、三佛齐海舶至泉州海口，并请征其货。诏；勿征。"[7]试想；市舶司免去了外国货物的进口关税，还哪里去获取"戍守之费"呢？甚至，连明代极有作为的明成祖，也把关税视作污辱国格的举动。他曾对大臣说："今夷人慕义远来，乃欲侵其利，所得几何，而亏辱大体万万矣。"[8]因此，明初设市舶司，诚如明人丘浚所说的；"盖用以怀柔远人，实无所利其入也。"[9]这种"怀柔远人"的方针，并不是对待外国的科学态度，而鲜明地表现了朱明王朝浓厚的保守主义思想意识。朱明王朝建立之初，就面临着北方的遗元势力和海上张、方残余势力的威胁。他们特别担心这些势力的冲击会引起统治的不稳定。因此，在元末农民战争中唤起的汉族人民反抗蒙古贵族的思想意识，便被朱明王朝借来抗击外来干扰。所以，在对外事务方面，这种地主阶级的狭隘民族主义便表现为保守主义的倾向。对中国与外国的交往，"不过因而羁縻之而已，非利其有也。"[10]"盖来者怀之以恩"，从而以"怀柔"来抗拒外来冲击。因此，当外来冲击力量愈强烈的时候，朱明王朝的闭关自守倾向就愈明显。我们可以从明代市舶司的变迁沿革过程看到。沿海局势稳定，市舶司则得到维持，沿海局势紧张，市舶司则被停罢。

其二，在对待海外国家的来华贸易方面，朱明王朝采取了严格的限制性措施，只允许外国官商赴华贸易。这是明前期市舶司制度的官方贸易性表现之一。宋、元两代的封建统治者，对于海外国家的来华贸易，无论官、私商，都基本采取了积极鼓励的态度。宋代市舶司的职责之一，便是"来远人"。所谓"来远人"，就是积极招徕外国客商。元朝伊始，元世祖对于外国商人的来华贸易，也采取了"其往来互市，各从所欲"[11]的积极态度。可是，自洪武时期开始，明王朝对于海外国家的来华贸易，就限制在严格的"贡舶"贸易范围内，即只允许官方贸易的存在。它规定，海外国家贸易船舶的进港，必须持有明王朝颁给的"勘合"和本国的"表文"。还必须遵循明王朝关于贡期、贡道、朝贡人数等规定。而外国朝贡商人所带的"私货"，除大部分被官府收买外，所余货物也必须在会同馆或市舶司的主持下与中国商人贸易。其他场合，除特许外，则往往禁止。由此可见，这是一种严格的官方贸易制度。显然，朱明王朝对于外来力量极其担心。确实，明初恶劣的沿海局势，更增强了朱明王朝的忧虑。

其三，就市舶司管理内容来说，明前期市舶司除排斥外国非朝贡商人来华贸易外，还排斥了对中国出海商船的管理。这是明前期市舶司制度的官方贸易性表现之二。宋代市舶司的职责为"掌蕃货海舶征榷贸易之事，以来远人、通远物。"[12]所谓"海舶"，不仅包括外国的进港商舶，也包括中国的出海商船。中国商人只要得到官府的批准，领持官府发给的公凭，就可以出海贸易。元代也基本如宋，"经所在舶司陈告，请领总司衙门之发下公据、公凭"[13]。明初，朱明王朝采取了根本禁止中国商人出海贸易的"海禁"

政策。明太祖于洪武四年诏令，"禁濒海民不得私出海。"[14] 其后，明太祖及其朱明王朝的继承者们，又三番五次地重申了这项政策。所以明人胡宗宪说；"海商者，王法之所不许，市舶之所不经，乃贸易之私也。"[15] 显然，明前期市舶司制度，完全排斥了中国商人的出海贸易，表现了它对于我国私人海外贸易的极端排斥性。这正是朱明王朝保守倾向与内心虚弱的突出表现。在这些统治者看来，允许国内商人出海贸易，势必会引起内部统治的不稳定。因此，必须割断内部与外界的这种联系。

其四，从海外贸易货物的流向考察，明前期从海外国家的进口货物，主要用作统治阶级上层的消费品。这是明前期市舶司制度的官方贸易性表现之三。宋代从海外国家进口的货物，主要销售于社会。它规定；从海外回港的中国商舶，在"抽分"和"官买"后，商人可以到社会销售，外国商人亦可以持市舶司公凭到各地贩易。元代虽然对官商、外商货物实行政府统制，但对民间商船货物，仍听其自行交易。因此，宋元时期的海外货物，基本上在社会上贸易流动。然而，明前期情况却大不一样；明代海外国家朝贡商人带来的"贡品"，完全归属皇族消费，而其"私货"，经官府"给价收买"后，也所剩无几。如同"贡品"一样，官府收买的"私货"，也进入了统治阶级的消费领域。可是，一旦收买的"私货"超过统治阶级中、上层的消费水平，封建官府也允许民间商人"博买"。博买制度在宋代就已存在。宋代的博买，也叫官市。它是政府按规定的价钱来收买海外货物，类似于明代"给价收买"制。但它却与明的博买制相反。就买卖的性质看，宋代博买制是市舶司对于从海外进口的货物实行的一种专买制度，而明代的博买制则是市舶司对从海外进口的货物实行的一种专卖制度。因为货物流动起点是封建官库，所以这种流动必须受制于封建官库的海外货物贮藏量，受制于统治阶级的消费水平。因此，正像明代博买制是一种临时性措施一样，明前期官府收买的海外进口货物，被允许进入社会消费，也只是一种不常见的现象。明前期海外货物流向于统治阶级消费领域，正是明代专制主义加强在经济上的反应。如果说，海外贸易刺激了封建统治阶级追求海外货物的欲望，那么，专制主义的加强则为封建统治阶级实现其欲望准备了条件。于是，海外贸易成为封建官府垄断的一个专门领域。

可以说，明前期市舶司制度，对于明代社会带来了很多消极影响；第一，由于海外贸易被官府所垄断，市舶司制度呈现出官方贸易的性质，海外货物主要进入统治阶级中上层消费领域。因而进口货物主要是珍禽奇兽等奢侈品。就是中外交通史上的伟大壮举——郑和下西洋的活动中，也有替明廷到海外寻求"宝物"的任务。第二，中国私人航海活动遭到禁止和扼杀，使遥遥领先的中国航海事业，失去了发展的基础。从此日益衰落，一蹶不振。第三，优惠的高价收买，增加了明王朝的财政支出，日益成为财政的累赘。

从正德初年开始，明王朝先后改革了一些原来的市舶司规章制度。因此，在市舶司制度方面，这个时期又带有许多与前期显著不同的特点。

其一，市舶司的任务已从原来单纯的"怀柔远人"转变为增加财政收入。因此，逐渐建立了一套进出口关税制度。正德三年，广东市舶司开始实行抽分。抽分的直接原因，则由于广东地方官府的财政收入不足，军饷不支。明代中期以后，由于社会矛盾益趋尖锐，在全国各地爆发了规模不等的农民起义，正统景泰年间，广州就爆发了黄肖养领导的起义。伴随着朱明王朝对农民反抗活动的镇压，军事开支也日益增加。因此，为了稳定统治，不得不另辟财源。自正德三年抽分制实行以后，广东市舶司抽分收入就成为广东地方财政收入的重要一项。由于其初征收的是实物税，故广东文武官员月俸，也多以海外货物代支。到嘉靖初年，明王朝再次实行"海禁"。使得外国船舶至广东港口者甚少。这对广东地方财政收入影响极大，广东地方官府甚感不便。于是，广东地方官员上奏力陈海外贸易的有利之处。如两广巡抚林富于嘉靖八年七月在《请通市舶疏》中指出：

> 旧规，番舶朝贡之外，抽解（私货）俱有则例，足供御用。此其利之大者，一也。番货抽分解京之外，悉充军饷。今两广用兵连年，库藏日耗，籍此可以充羡而备不虞。此其利之大者，二也。广西一省，全仰给于广东。今小有征发，即措办不前。虽折俸椒木，久已缺乏，科扰于民，计所不免。查得旧番舶通时，公私饶给。在库番货，旬月可得银数万两。此其利之大者，三也。贸易旧例，有司择其良者如价给之。其次恣民买卖。故小民持一钱之货，即得握椒，展转交易，可以自肥。广东旧称富庶，良以此耳。此其利之大者，四也。助国助军，即有赖焉，而在官在民，又无不给……[16]

从此疏我们不难看出，明后期政府官员已经从"利"的经济观念来判断市舶司的价值。显然，设置市舶司的主要目的，已经从"怀柔远人"的政治目的转变为以增加财政收入为主的经济目的。正是由于主要目的的转变，明后期市舶司的关税制度才逐渐建立和完备起来：由实物税到货币税，由抽分到丈抽，由征收进口关税到征收出口关税。

其二，市舶司制度由前期严格的官方贸易性演变到一定的民间贸易性。明前期市舶司制度，一方面严格限制与外国官府之间的交通贸易，另一方面又主要采取给价收买制，官府控制了朝贡商人的大部分或全部货物，使得中国商人与外国朝贡商人的贸易机会甚少，而且还必须受会同馆或市舶司的严格监督。但随着抽分制的实行，勘合制的破坏，市舶司制度的官方贸易性遭到削弱。相反，被抑制的民间贸易性却得到一定程度的肯定。从外国方面来说，来华贸易者，并不限于定期的"贡舶"，也不限于官商，只要服从市舶司的"抽分"，"番舶"，私商也可以在中国进行贸易。如明后期广东的澳门，"聚海外杂番，广通贸易，至万余人"[17]当然，这种开放主要表现于广东市舶司。而在福建、浙江两市舶司，对海外国家的来华贸易仍然严格限制。不过，从整个趋势来说，外国朝贡贸易也日益民间化。以日本为例，虽然日本来华贸易船舶仍借朝贡贸易的名义，按照勘合由日本幕府派遣船舶。但后期幕府本身经营的船舶却很少，勘合船队多为有实力的商人集团所控制。嘉靖二年，宁波市舶司发生的日本使节的"争贡"事件，实际上就是博多商人与堺商人为争夺与中国贸易的激烈对抗[18]。显然，这已是在勘合招牌下的民间贸易了。从中国方面来说，中国商人与外国商人的互市贸易机会也日益增多。按照制度规定，外国商人的货物在经市舶司"十分抽二"以后，即可与中国商人相贸易。因此，明后期市舶司港口的海外贸易市场不断扩大，呈现了中国商人"辗转交易"的局面。显然，这与明后期市舶司制度的民间贸易性有着直接的联系。

明后期市舶司制度的演变，对明代海外贸易及财政，产生了与前期迥然不同的作用。

第一，随着市舶司制度经济性的突出，民间贸易性的增强，市舶司机构的海外贸易管理权也日渐分解与转移。明前期市舶司机构控制着海外贸易的一切权力，实际上反映了明前期海外贸易的相对衰落状态。正德以后，市舶司机构改革了前期的严格限制性规章，将海外贸易与财政收入联系起来，增加了中、外商人互市贸易的机会，使海外贸易日渐发展起来。随着海外贸易的发展，市舶司机构便难以对海外贸易进行各种管理。于是，不可避免地发生了市舶司职能的分解。从而，市舶司机构保留了检验进出口船舶与征收关税的职能，奠定了清代海关制度的职能基础。而"平交易"的市场管理职能，则由市场中说合交易的牙人所执行。封建官府为了控制这种发展了的海外贸易，组织了一些官方牙行。从而，这些官牙逐渐取得了垄断海外贸易市场的特权，经过一番发展，终于形成了清代的行商制度，海外贸易市场完全被行商所垄断。

第二，由于市舶司制度经济性与民间贸易性的增强，一定程度上改变了前期那种典型的奢侈性进口货物结构，社会生活必需品的进口比例有所增加。如香木等药物原料的进口种类增多。显然，这是消费对象扩大后的结果。原来抽分制实行以后，海外贸易市场向社会展开，使得从海外的进口货物，除了继续满足统治阶级中上层的奢侈生活外，还必须适应社会的普通生活需要。因此，原来那种奢侈型进口结构得到了一定程度的矫正，代之以社会生活必需品为主体的进口结构。

第三，明代市舶司制度从政治性向经济性的转变，使海外贸易成为封建官府的财源之一，增加了明王朝的财政收入。抽分制的实行，使国家税收大增。据万历三十年刊的《广东通志》记载，广东市舶提举司征收的舶税，据称每年约饷银四万余两[19]。福建方面，代替市舶司的"督饷馆"，每年征收的水，陆饷也在万金左右。万历"二十二年，饷骤溢至二万九千有奇"[20]。无怪乎明人周起元说海外贸易，"其殆天子之南库也"[21]。这在后期濒于财政危机的朱明王朝，海外贸易的税收确实不失为解决财政困乏的一种重要而有效的手段。还必须指出，关税制度从实物向货币的演变，不但使海外贸易获得了比宋、元时期更为优越的发展条件，而且由于征收货币以金银为对象，使得大量金银输入中国。据梁方仲先生估计，由万历六年至崇祯十七年 (1573—1644) 的七十二年间，合计各国输入中国的银元，由于贸易的发展至少超过一万万元以上[22]。金银大量输入，促进了中国社会、尤其是沿海地区商品经济的发展。

纵观明代市舶司制度史，我们不难发现；明代市舶司制度在前、后两个时期，发生了较大的变化，甚至是根本性的变化。那么，这种变化的原因何在呢？

第一，中国私人航海贸易势力直接冲击着明代市舶司制度。"海禁"政策与私人航海贸易势力的矛盾，不可避免地冲击着市舶司制度。早在洪武时期，"海禁"政策就遭到了中国私人航海贸易势力的挑战。《明太祖实录》记载："缘 (沿) 海之人，往往私下诸番贸易香货；因诱蛮夷为盗。"[23] 他们甚至组织武装力量，以"海寇"的形式进行海外贸易。洪武六年"海寇张汝厚、林福等自称元帅，劫掠海上。（占城）国王败之，汝厚溺死，获其舟二十艘，苏木七万斤。"[24]

明代中期以后，由于社会生产力的发展，商品经济的提高，私人航海贸易势力也在封建王朝的严格禁止下急速地发展起来。明人张燮说："成（化）、弘（治）之际，豪门巨室间有乘巨舰贸易海外者。奸人阴开其利窦，而官人不得显收其利权。初亦渐享奇赢，久乃勾引为乱，至嘉靖而弊极矣。"[25] 它的发展，与海外贸易能带来巨额利润也是分不开的。因为那时的海外贸易几乎都表现为土特产品的交易。而土特产品的生产必须依赖于一定的地理环境. 同时明前期封建官府对于海外贸易的垄断，市场需求无法满足。因此，这种跨国度的长途返运贸易，更易获取高额利润。如顾炎武所说，越海赴日本贸易者，"其去也，以一倍而博百倍之息；其来也，又以一倍而博百倍之息。愚民蹈利如鹜，其于凌风破浪，直倡息视之。违禁私通，日益月盛。"[26]

私人航海贸易势力的发展还有着更深刻的社会原因。随着明代社会经济的发展，自正统以后，地主阶级的土地兼并日益剧烈。它所产生的结果，诚如张维华先生所指出的，"一是土地兼并达到最高限度时，商业资本向土地转化的情形就会受到拘限，因此必然倾向于单独发展，也就是说会着重向私人海外贸易方面发展。二是土地兼并达到最高限度时，个体小农破产的必然很多，这些个体小农在得不到土地时，就向他方面转化。他们既处在东南沿海一带，那就很容易向海外移动。特别象闽广地区，由于多山，耕地较少，更容易向这方面转化。"[27] 随着这种私人航海贸易势力的发展，朱明王朝也更加强了控制。这样，在嘉靖时期，终于在东南沿海发生了"倭患"问题。其实，所谓"倭患"，除一小部分倭寇外，大多数是中国沿海居民。时人林希元说："今虽日倭，然中国之人居三之二。"[28] 因此，"倭患"问题，很大程度上反映了私人航海贸易势力与朱明王朝的斗争。这种斗争，直接影响着市舶司制度性质的改变。首先，它促使市舶司制度由官方性向民间性演变。据史记载，"隆庆初年，前任抚臣涂泽民，用鉴前辙，为因势利导之举，请开市舶，易私贩而为公贩。"[29] 这种变易，就从根本上改变了明前期市舶司制度的官方贸易性。其次，它迫使市舶司制度由政治性向经济性演变。明前期市舶司所主持的海外贸易，基本上无利可图。但私人航海贸易却不同，他们正是为了追求高额利润。这样，在私人航海贸易日渐发展的形势下，市舶司在经济上完全失去了立足点。正如当时人们所评论的。"官市不开，私市不止，自然之势也。"[30] 于是，明王朝不得不扩大贸易范围，开始征收进出口关税。

第二，西方殖民主义者的东来，直接瓦解着市舶司制度所维系的朝贡贸易体系。16世纪之始，葡萄牙、西班牙殖民主义者相继来到东方。其后，荷兰、英国也来到东方扩充其殖民势力。一方面，他们来到东方以后，纷纷占领南洋各国领土，建立殖民主义统治。从此，先前与明王朝保持朝贡贸易关系的南洋国家，多被其消灭或控制，直接瓦解了明王朝与海外国家的"朝贡"关系。另一方面，他们在中国沿海进行抢劫掠夺的同时，又占领中国领土，千方百计地寻求通商贸易。其中最主要方式则是培植中西贸易中的中介商人。西方殖民者面对当时中国这样一个封建大国，炮舰政策既不能奏效，官方贸易又无法如愿进行，便采取了培植中介商的渗透途径。如侵占满剌加的葡萄牙殖民者，"每岁私招沿海无赖之徒，往来海中贩鬻番货"[31]。甚至连后来于清代侨寓中国十七年的英国驻广州大班监理委员会主任马治平也不得不承认："我们同中国的早期贸易显露出生意做得很不规矩，并且把英国人的品格也表现得不好。葡萄牙人、西班牙人、荷兰人和英国人初次出现在中国沿海一带是群孜孜为利而不择手段的人。"[32] 他们在中国沿海的侵略扩张活动，严重地破坏了明王朝的海外贸易管理制度。

第三，面对着东南海防与财政危机，迫使明朝统治者不得不修改海外贸易政策。

本来，前期市舶司制度就是一个自相矛盾的体系。一方面，它规定朝贡贸易有勘合，有定期，有一定的国家界限，表现了朱明王朝对海外贸易的限制性。但另一方面，为了表现大明"天子"的博大怀柔胸怀，奖励海外国家远来中华朝贡"天子"的诚心，一概对外进口货物免去了关税，并且实行高价收买。从而在具体贸易事务中表现了朱明王朝对海外贸易的鼓励与促进的态度。这种矛盾不可避免地为朱明王朝的财政与海防带来不良的作用。海外朝贡商人在获取高额利润后，千方百计地寻求朝贡机会。朱明王朝对于这种违制朝贡，或者开恩纳贡，或者依制阻回。开恩纳贡的事例愈多，明王朝的财政负担愈重；阻回事件愈多，海外商人便集于中国沿海，寻求走私贸易，甚至是武装走私。明王朝的海防安全也愈受影响。

朱明王朝自土木堡之变以后，北部边防与海防相继出现危机，农民起义此伏彼起，财政也因此而空匮。随着这种危机的加深，海外贸易也日益成为朝野关注的重要问题。于是，封建统治阶级内部的一些有识之士，纷纷主张修改海外贸易政策。经过一番争论与酝酿，统治阶级不得不"用鉴前辙，为因势利导之举"，开放海禁，改变前期那种海外贸易政策。而主持海外贸易的市舶司机构，也不得不改变前期的那种规章办法。

注 释

[1]《明史》卷 81。

[2] 李剑农，《宋元明经济史稿》第 161 页。

[3]《续资治通鉴长编拾补》卷 5。

[4][13]《元典章》卷 22《户部八·市舶》。

[5] 王圻：《续文献通考》卷 31。

[6]《明太祖实录》卷 61。

[7]《明太祖实录》卷 68。

[8]《明太祖实录》卷 23。

[9] 丘浚：《大学衍义补》卷 25。

[10] 王希文：《重边民以苏民命疏》，引于嘉庆《东莞县志》卷 44。

[11]《元史》卷 10。

[12]《宋史》卷 167。

[14]《明太祖实录》卷 70。

[15] 胡宗宪，《筹海图编》卷 12。

[16] 林富：《两广疏略》。

[17]《明史》卷 325。

[18] 参看 [日] 藤家礼之助：《日中交流二千年》第 165 页。

[19][22] 转引自梁方仲：《明代国际贸易与银的输出入》。

[20][21][25] 张燮：《东西洋考》。

[23]《明太祖实录》卷 231。

[24]《明太祖实录》卷 84。

[26] 顾炎武：《天下郡国利病书》卷 93。

[27] 张维华：《明代海外贸易简论》第 80 页。

[28] 林希元：《拒倭议》，《明经世文编》卷 165。

[29] 许孚远：《敬和堂集》，《明经世文编》卷 400。

[30] 徐文定：《海防迂说》，《明经世文编》卷 491。

[31]《明世宗实录》卷 363。

[32][英] 格林堡：《鸦片战争前中英通商史》第 41 页。

海上丝绸之路与中国古船

席龙飞

内容提要： 中国的丝绸，早在公元前二世纪就向世界各地传播。谈起这件事情，人们常会联想到步履蹒跚的骆驼商队，通过沙漠、草原，到达古波斯和地中海沿岸。殊不知，自汉代初年起，还有一条海上丝绸之路。满载丝绸的船舶，"云帆高张，昼夜星驰，涉彼狂澜，若履通衢"。

辽阔的海洋既能把各个国家予以分隔，又能把各个国家加以联结。关键在于能否建造出船体坚固而航行性能良好的海洋船舶。

在世界的东方和西方，几乎同时于七八千年以前就出现了舟船。不过，中国船舶的船型、构造、属具和建造法式等方面，均自成体系，别具一格。中国是造船与航海的古国，文物典籍总多，历历可考。

长江下游新石器时期的浙江河姆渡文化遗址，有七千年的历史。出土文物六千多件，其中有陶舟、类似半截独木舟的木器，还有几把木桨。有的木桨在桨柄与桨叶结合处阴刻有弦纹和斜线纹图案，做工精细（图1）。遵照"有桨必有舟"的事物发展规律，笔者在拙著《中国造船史》（2000年）曾推论："独木舟在长江中下游和滨海地区形成于8000年前或更早，也概可定论"[1]。我的这一推论未免有些大胆，未曾想到的是，居然在两年后竟实现了。

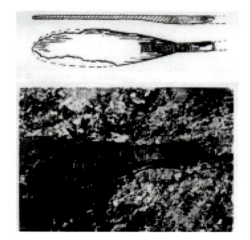

图1　7000年前河姆渡雕花木桨

2002年11月，我接到国内知名文物保护专家、泉州海外交通史博物馆副馆长李国清研究员的电话，得悉在杭州萧山发掘到了新石器时期的独木舟。李副馆长还告知：萧山跨湖桥遗址考古队队长将有电话与我联系。不久就接到浙江省文物考古研究所研究员蒋乐平队长的电话。蒋兴奋地通报说，他们发掘到8000年前的独木舟。他还热情地邀我尽早地去遗址考察。

2002年12月14日下午，从澳门海事博物馆考察访问归来，刚在杭州萧山国际机场着陆，就趋车到萧山跨湖桥遗址现场。在这里我生平第一次见到了先用火烧再用石器剜制出的独木舟。由于经过长期使用，舟体的内面被磨得很光滑，但是大面积被火烧的痕迹犹存。发掘报告《跨湖桥》[2]有独木舟的测绘图（图2），当天我拍摄的独木舟的照片如图3。

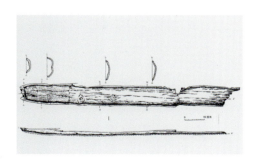

图2　跨湖桥遗址独木舟测绘图

木板船在我国出现的时间，距今已三千多年。其有力的见证，就是甲骨文中的舟字便代表着用纵向和横向构件组合成的船。这横向构件，也许就是中国后来发明的水密舱壁的雏形。

在公元前310年的战国墓中曾发现游艇遗迹，联枅船板使用了大量铁箍。现代木船的"锔钉"，正是半个铁箍，是铁箍的发展。由此可见，中国古船具有结构坚固、联枅紧密、水密性好等特点。

图3　跨湖桥遗址8000年前的独木舟

张帆以借风力，是航船的一大变革。这一技术，在埃及和两河流域都有悠久的历史，埃及帆船可追溯到公元前2900年。风帆在中国则出现较晚，据研究认为约出现在公元前400年的战国时代。汉代成书的《释名》对帆有解释："随风张幔曰帆"。

中国的风帆虽不早，但船尾舵在汉代即广为应用。不仅文献有所记载，广州汉墓中的陶船模就带有船尾舵（图4），更是雄辩的物证。西方驾船惯用操纵桨，船尾舵在1242年方才出现。中国的舵比西方要早1000多年。

汉代的船舶，既有风帆，又有尾舵。两者相得益彰，可"不避迅风激浪"。这就为开拓通向印度洋的海上丝绸之路，奠定了物质技术基础。《汉书·地理志》对从徐闻、合浦出发一直航行到印度以及斯里兰卡的航线有确切的记载。

中日海上航路的开辟，是两国造船师和航海家经多年奋斗和牺牲才获得的成果。在9世纪时，往来于中国和日本之间，大体上是唐船，日本遣唐使船，虽然由日本朝廷下令在日本各地建造，但也注意吸收中国的造船经验。据木宫泰彦的《日中文化交流史》记载："建造者和驾驶者，大都是唐人"[3]。（图5）为《七海扬帆》所载日本遣唐船。

迄今虽然还没有发掘到汉、唐时代的海洋船舶，但是宋代的远洋海船却多有发现。1974年发掘的泉州湾宋代海船（图6）和2007年整体打捞出水宋代古沉船"南海一号"等则是海上丝绸之路的实证。

1979年3月在古港泉州召开了"泉州湾宋代海船科学讨论会：集中了考古、历史、造船、航海、海外交通、地质、物理、化学、医药和海洋生物等诸多学科约百多位学者，就海船的年代、建造地点、航线、沉没原因、古船的复原以及出土文物的鉴定与考释等问题进行了深入的讨论并得出相应的结论。

古船的年代：在船舱中发现大量瓷片都有宋代的特征，未见宋以后的瓷器；舱中获铜钱504枚，除33枚唐钱外其余全为宋钱。其中最晚的一枚南宋"咸淳元宝"，乃咸淳七年（1271年）所铸。这是古船沉没绝对年代的上限。

图4　广州东汉墓出土的陶船模型

图6　泉州湾宋代海船于1974年夏出土

图5　日本遣唐船

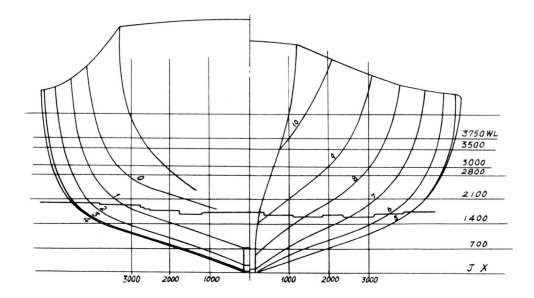

图 7　泉州湾宋代海船复原的型线草图

古船的航线：首先，船舱中出土的货物以香料、药物为大宗，这些香药的主要产地是南洋诸国和阿拉伯沿岸，俗称南路货，而载此货的船当是南路船；在船壳板发现有热带种巨铠船蛆[4]，这是船舶来自南洋一带的最有力证据。

古船的建造地点：从造船工艺看，船板用铁钉钉合，缝隙又塞以麻绒油灰，这不仅与波斯船、日本船、扶南（柬埔寨）船很容易区别，就是与本国的广东船建造方法也不尽相同。特别是在龙骨接头处凿有"保寿孔"，其中置放铜镜和铜钱，其排列形式如"七星伴月"，据云这是福建本地造船的传统民俗。

古船的沉没原因：船底无损，可信并非触礁或搁浅。即使遇难，只要有人管理也可营救。从海船上部全损毁，大桅也被拔掉，舱内瓷器多成碎片，且一件瓷器的碎片分散到各舱等情况看，说明沉船前或有风浪冲击，或有人为战乱，造成了"野渡无人舟自横"的局面。史学家分析：南宋末年，泉州提举市舶司蒲寿庚投降元朝，宋将张世杰率军进攻泉州，泉州风云突变，战火纷飞，海船可能是此期间沉没的，时为 1277 年。

笔者与何国卫合作，以"对泉州湾出土的宋代海船及其复原尺度的探讨"一文，出席科学讨论会。文中绘出该船的型线草图如（图 7）。

由该型线图可见：横剖线呈 V 形，斜剖线很平缓，水流主要沿斜剖线流动。船型瘦削，据计算方形系数 Cb 为 0.44，较现代货船小得多。这一点可弥补长宽比过小对快速性带来的不利影响，同时，平缓的斜剖线可使弯曲外板的加工工艺得到改善。V 形横剖面有利于改善耐波性。尖底与深吃水相配合可有较好的适航性，受到横向风吹袭时，抗横漂能力也较强。由此可见，泉州湾宋代海船的船型设计是综合考虑了稳性、快速性、耐波性和加工工艺等多种要求的。从现代船舶设计理论的角度来评论，也是值得称道的。

泉州湾宋代海船的复原模型作为一项重要展品，1983 年 6 月在美国芝加哥科学工业博物馆举行的"中国：七千年的探索"展览会上展出。《芝加哥论坛报》在 6 月 5 日发表评论文章："中国人对世界发展做出了巨大贡献。"[5] 文中对中国的水针罗盘、造船和航海技术给予高度评价。

泉州湾宋代海船是典型的福船，（图 8）为福船代表船型—福建丹阳船。

1976 年，在韩国全罗南道光州市的新安郡海面作业的渔船，起网时曾发现几件中

后又根据发现的《郑和家谱首序》、《赛典赤家谱》，指出郑和是元代咸阳王赛典赤·瞻思丁的六世孙。也就是说，郑和的祖先是来自西域布哈拉的赛典赤·瞻思丁，而赛典赤·瞻思丁的世系可以上溯到伊斯兰先知穆罕默德。[6]邱树森先生也持有同样观点。[7]赛典赤·瞻思丁入华为官，被元世祖忽必烈任为云南行省平章政事，故举家定居云南。他在任期间，对治理云南做出了突出贡献。明人盛赞赛典赤，叶向高《苍霞草》有《咸阳家乘叙》云：

> 当元之初兴，咸阳王以佐命功守滇，始教滇人以诗书礼义，与婚姻配偶养生送死之节。创立孔子庙，购经史，置学田，教授其生徒。于是滇人始知有纲常伦理，中国之典章，骎骎能读书为文辞。至国朝科举之制初行，滇士已有颖出者，则咸阳之遗教也。[8]

赛典赤在云南建立孔庙的举措，说明来自波斯的移民已经接受了中国文化，产生了文化认同，而国家认同与文化认同是同步的，就这样，外来移民在云南开始了中国本土化的过程。

虽然有学者对赛典赤·瞻思丁是郑和先祖提出了质疑，[9]但是有一点值得注意，那就是云南的穆斯林大多是在蒙古西征时由中亚迁徙而来，是没有问题的。根据学者研究，元朝是波斯及波斯化的中亚穆斯林移居中国最盛的时期。蒙古帝国西征以后，数以百万计的回回穆斯林迁徙到中国定居，十三世纪时东迁的西域回回（绝大多数为信仰伊斯兰教的中亚各族人以及波斯人、阿拉伯人）是云南回族的主要来源。[10]因此，郑和家族也应该是其中之一，这是毋庸置疑的。

赛典赤家族是最显赫的回回家族之一，影响颇巨。有学者指出："赛典赤和其儿子们在发展云南并将云南与中原融合一起中发挥了如此显赫的作用，以至于中亚和波斯定居者的后代子孙们都愿意将自己的祖先要么追溯到赛典赤，或者追溯到赛典赤的部属和家族成员"。[11]关于郑和是否赛典赤后代的问题，是学术界有争议的问题，郑和家族与赛典赤的关系可能也有上述因素存在。但是郑和出身穆斯林家庭不是谜，更重要的是，从碑文"身处乎边陲，而服礼义之习"，我们已知这一外来家族在保存了外来民族的鲜明特征——穆斯林信仰的同时，在明初业已完成了文化认同，也即中国本土化的过程。

2. 郑和的才志与地位

碑文涉及郑和的部分是："和自幼有才志，事今天子，赐姓郑，为内官监太监。赋性公勤明敏，谦恭谨密，不避劳勚，缙绅成称誉焉"。"自幼有才志"，"才"是天赋才能，"志"则是志向与抱负。自幼生长在穆斯林家庭的郑和，在少年时离开家乡，他对于家乡和亲人留有深刻的记忆，"事今天子，赐姓郑"，所指即在"靖难之役"郑村坝之战中立有战功后赐姓"郑"，可见在靖难之役以后，郑和已经深得朱棣信任，而在朱棣成为皇帝以后，作为亲信之人，他有了得以施展才能和抱负的有利条件。再看"赋性公勤明敏，谦恭谨密，不避劳勚，缙绅成称誉焉"，说明了郑和的才能与为人，在当时得到缙绅"称誉"。李至刚，松江华亭人，时任礼部尚书，在当时拥有"朝夕在上左右"的地位。[12]郑和与之有同僚之谊，都是在皇帝左右的亲信之人，而郑和由于是内廷之人，亲密程度自然又非外臣可比。

相士袁忠彻《古今识鉴》中的记述，适可作为郑和相貌才智的补充说明，特录于下：

> 内侍郑和，即三保也，云南人，身长九尺，腰大十围，四岳峻而鼻小，法反此者极贵。眉目分明，耳白过面，齿如编贝，行如虎步，声音洪亮……永乐初欲通东南夷，上问："以三保领兵如何？"忠彻对曰："三保姿貌材智，内侍中无与比者，臣察其气色，诚可任使"。遂令统督以往，所至畏服焉。[13]

这是论证选派郑和下西洋的一段重要史料，为众多学者所引用。值得注意的是，其中论及"三保姿貌才智，内侍中无与比者"。当时永乐皇帝颇信相士，而相士点明了郑和在内官中的超凡之处。

郑和生于穆斯林家庭，自小耳濡目染穆斯林朝圣事迹和传说，对海外有所了解，由此对海外交往也有较清楚地认识，在永乐皇帝的亲随大臣中间，这方面的见识在他人之上，因此，其在下西洋决策中的作用，我们也应该重新审视。一般说来，皇帝诏令，特别是关于重大政务的诏敕的产生，具有三种形式：第一种形式，是皇帝按照自己的意志直接命令"著于令"；第二种形式，是臣僚上奏，皇帝认可，往往以"从之"来表述，或有臣僚直接言请"著为令"的；第三种形式，是皇帝令臣僚草拟制度，臣僚集议定议后上奏，由皇帝批准发布的。[14] 自从封藩以后，就来到北部中国的燕王，长期生活在北方，成为永乐皇帝以后，为什么会对海外情有独钟，颁旨下西洋？下西洋诏敕不是无源之水，向深发掘各种决策参与者的作用，通过正式渠道和非正式的渠道建言，都是可能的。郑和身为宫中太监，他的建言没有在官方文献中披露是完全可能的。虽然没有直接文献记载留存下来，但是我们仍然可以在现存史料的基础上，将郑和具有的跨文化的知识背景与其认知和行为联系起来，推测在当时永乐皇帝身边最可能建言下西洋的人物就是郑和。特别是结合他在当时宫廷中的地位，事实上身为内官监太监，也即宦官之首的郑和，是永乐皇帝身边的心腹人物。以他的才智和显赫地位，特别是富有外来因素的知识谱系，以此可以推知他是对下西洋决策可能施加重要影响的人物之一。

3. 郑和职任与下西洋以及迁都的关联

碑文中给我们的重要信息，是当时郑和"为内官监太监"。袁忠彻记"后以靖难功授内官太监"，[15] 指出了郑和任此官职与靖难之功的直接关联。一般说来，学者们在述及郑和生平事迹时，都会涉及郑和任宫内官监这一点，而对于内官监的职掌及其当时的地位，却未见详析。其实，内官监在当时是内官衙门之首监，内官监太监，即内官监的长官，这意味着郑和是内廷宦官之首的显赫地位。

在这里有必要追溯一下内官监的职掌。内官监，于洪武十七年 (1384) 四月替代内使监而设立，其职掌是"通掌内史名籍，总督各职，凡差遣及缺员，具名奏请"。[16] 这里值得注意的是"总督各职"。设立之初，内官监总掌内外文移。至洪武十七年七月，明太祖"敕内官毋预外事，凡诸司毋与内官监文移往来"。[17] 这条史料说明，当时限制了内官监的权限。然而，在洪武二十三年（1390）又见规定："与在内衙门行移，中使司呈内官监，内官监帖下中使司；其余内府各衙门行移，俱由内官监转行"。[18] 由此可见，内府文移仍是由内官监在掌管。

实际上，内官监还职掌礼仪之事。洪武二十六年（1393）所定亲王、公主婚礼以及朝贺传制诸仪，皆由内官监官与礼部仪礼司官共同"设仪物于文楼下"，依此，参与宫廷礼仪之事是内官监的重要职事之一。[19]

需要说明的是，掌管内府文移的内官监甫设立时，在官员品级上比其他内官要高一品，为正六品，高于他监的正七品，显示出了内官监的显要。在洪武二十八年(1395) 所颁《皇明祖训·内官》中，规定内官各监升为正四品，而内官监职掌为"掌成造婚礼奁、冠舄伞扇、衾褥帐幔仪仗及内官、内使贴黄诸造作，并宫内器用、首饰、食米、上库架阁文书、盐仓、冰窖"。[20] 值得注意的是，这里的"贴黄"，即内官履历及迁转事故记录，掌管"贴黄诸造作"，就是"通掌内史名籍"。这一职掌与内缺除授、奏请差遣等重要的人事调遣有着密切关系；而职掌成造宫内仪仗、器用，以及掌管"架阁文书"，即宫中档案，都是宫廷极为重要的职掌。此外，《皇明祖训·内令》还规定："凡自后妃以下，一应大小妇女及各位下使数人等，凡衣食、金银、钱帛并诸项物件，尚宫先行奏知，然后发遣内官监官。监官覆奏，方许赴库关支"。[21] 内官监掌管后宫器用的职能非常明确，显示出内官监在宫中器用方面的极大权限。

以上所有职掌奠定了内官监作为明初内官第一监的地位。至于司礼监为内官之首的情形，那是在宣德以后才形成的。关于司礼监的显赫地位，在明代文献中多有表述，以至于明初内官监为宦官首监的事实长期以来被遮蔽了，这是应该澄清的。

一般认为，永乐时期大量任用宦官，是明代宦官权力提升的重要时期。永乐元年(1403) 六月，由燕王而成为皇帝的朱棣，升旧燕府承奉司为北京内官监，秩正四品。[22] 郑和被任为内官监太监后，这一内官之首的地位，使他可以朝夕接近皇帝，对时政拥有毋庸讳言的影响力。《明实录》中记载，永乐二年(1404) 吏部尚书蹇义等上言在京各衙门官定额外添设事，述及"内府办事监生，止是誊写奏本查理文册，稽算数目，别无政务，比内官监奏准半岁授官"。[23] 内府办事监生由内官监奏准授官，说明内官监掌控着内府升选差遣的人事权。后来出现将当时的内官监视为外廷吏部的看法："至永乐始归其事于内，而史讳之"，[24] 应不是无稽之谈。

行文至此，涉及下西洋的一个重要问题，即大多数中外学者都将永乐迁都视为明朝内向的标志，认为迁都是停止下西洋的重要因素。但是，从内官监的职掌来看，永乐迁都在当时不仅没有成为阻碍下西洋的因素，而且还是促生下西洋的因素，即迁都与下西洋有直接的关联。具体而言，内官监的职掌主要在三个方面：一是宫廷礼仪之事，这与下西洋对外交往有直接对应关系；二是内府升选差遣之事，这与决策和选派下西洋人员直接相关；最为重要的是第三项，掌宫廷成造与器用诸事，这更加将下西洋与迁都的宫廷需求直接联系了起来，可以这样认为：正是由于采办是内官监的重要职掌之一，更在下西洋以后成为内官监占据首位的职掌，其与迁都的关系必然紧密相连。特别是考虑到为郑和之父撰写碑文的礼部尚书李至刚，恰恰就是迁都北京的首议之人，当时他与郑和都是永乐皇帝的左右亲信，一议迁都，一为迁都下西洋采办，这应该不仅是一种巧合，而且是合乎逻辑的内外亲信之臣的密切配合。

由于郑和的家世、他的才能，而更重要的，是他的职任所在，下西洋的统帅似乎是非郑和莫属，由此生成了中国史上史无前例的大规模航海活动。民族的迁徙与异文化的融合，体现在郑和的身上，作为内官第一监长官的地位，为郑和提供了参与下西洋决策与和亲身实践下西洋的可能性，而郑和代表中国明朝下西洋，他的出使是隆重而不同凡响的，他所率领的船队，被称为"下西洋诸番国宝船"，[25] 也正说明了为宫廷取宝的直接目的。时至今日，揭示内官监的职能，有助于我们了解下西洋的真实目的。我们应不再讳言下西洋为宫廷消费采办奢侈品的目的，这一点从郑和所任官职的职掌上充分显示了出来，因此下西洋与皇家经济利益紧密相连。

从唐宋的番坊番客，到宋代蒲氏的职掌市舶司，乃至元代色目人大批入华，"回回遍天下"，并进入统治阶层，外来民族的迁徙与定居中国，蔚然可观。元明之际，是中国继魏晋南北朝以后，第二个民族发展与融合的高潮期。明代，从波斯、中亚大批来华的外来移民已经融入中华民族之中，以外来移民群体为主，融合中国本土民族成分的回族在明代形成，这已是学术界的共识。由唐代迁徙客居中国，到宋代成为中国职掌市舶司海外贸易管理的官员，再到元代任职地方大员，治理一方，乃至明初由于历史的机缘进入最高中枢，外来移民及其后裔将影响直接渗透到宫廷，完成的是一个文化认同与国家认同的全过程，是一个本土化的过程，而这是一个具有自认同和被认同的文化认同的双向过程。郑和下西洋，由郑和出任明朝出使海外的大型船队统帅，作为明代中国的代表，率领中国人大规模走向海外，与亚非各国交往，可以认为是上述过程圆满完成的表现形式之一。

产生郑和下西洋本身，是异文化在中国融合的结果，而下西洋通过海洋与亚非各国多民族大规模交往，其促进文明交融的作用和贡献更是不可低估。

二、下西洋的意义：古代陆海丝绸之路的全面贯通

从迄今传世的洪武年间《大明混一图》，[26] 我们可以清楚地了解到明初中国人对于外部世界的认识已包括了今天的亚洲和非洲。明初的中西交往，以中国与亚非各国诸民族的交往为主流，当时并没有与欧洲的直接交往关系。15 世纪初，在亚非范围内的国际交往达到了历史上前所未有的程度，与郑和下西洋有着密不可分的关系。更重要的是，通过下西洋，古代陆海丝绸之路得以全面贯通，这一意义极其深远。

一般而言，人类文明的发展，可以分为物质文明与精神文明两个层面，以下首先就此简析下西洋的意义。

1. 物质文明层面：对话与交流

物产，是天然出产和人工制造的物品，可以称作物质文明的代表。人类文明史上最古老也最普遍的文明对话与互动现象正是以此为起点而发生的。明朝初年郑和七下西洋，规模庞大的船队航行至亚非 30 多个国家与地区，持续达 28 年之久，将中国的航海活动推向了历史的巅峰，同时大规模的双向贸易，达到的是中外物产交流的一个历史高峰。

在马欢的记述中，反映出他对所到海外国家的政治、社会、制度、宗教、建筑、衣饰、艺术、礼仪、习俗等所有事务均表现出浓厚兴趣，而对人们日常生活息息相关的物产尤为关心，可以说凡下西洋时所见海外各国物产，《瀛涯胜览》均有详细记述。[27]马欢所记各国物产，是通过马欢亲身经历考察得到的，不是来自传闻或抄自前人著述，因此是弥足珍贵的第一手资料，是当时亚洲各国物产的一份完整清单，反映出郑和下西洋交易圈各国物产的基本面貌。

这些物产大致可以分为 7 大类：1、宝物类：如珍珠、宝石、金子等；2、香药类：如乳香、胡椒、苏木等；3、果品类：如石榴、葡萄、波罗蜜等；4、粮食类：如米、麦等；5、蔬菜类：如黄瓜、葱、蒜等；6、动物类：如狮子、麒麟等；7、织品类：如西洋布、丝嵌手巾等。

值得注意的是以下特征：

第一、所有物品主要以土产，即非人工制造的物品为多。

第二、记录各国物品中最少的是黎代，只有 1 种；最多的是阿丹国，共 60 种。这说明记载的物品大多属于当地特产，有些地方的物品不是当地所产，只是在当地流通而已。如在忽鲁谟斯国的物品中，就不都是其国所产，而是贸易流通所致，显示出忽鲁谟斯作为贸易集散地的功能。

第三，综合起来看，各国物产记载甚细，其中属于宝物的并不占多数，相反倒是人们日常用品占有相当大的比例。这就是说，马欢关注的明显不仅是宝物，还有粮食、蔬菜、果品等人们日常生活用品，更记录了许多与各国人们日常生活密不可分的畜禽动物。

马欢的记载甚至几乎到了不厌其烦的地步，如在罗列了爪哇国有羊、猪、牛、马、鸡、鸭之后，又特别指出"但无驴与鹅尔。"[28] 注意到这一点很重要，在以往的研究中这是恰恰被忽略了的信息。对此，如果我们以马欢对所到之地人们生活状况观察细微来说明，恐怕还是不够的。比较汪大渊撰《岛夷志略》，汪氏记述了各地特产，从商人的眼光出发，并不记载人们日常生活所需的物品。马欢显然与之有很大不同。[29] 为什么会这样？推测可能有两方面的原因：一是远航船队所至各地，需要不断补充给养品，这是航行在海上的生存需要；二是马欢作为生活在明朝的一个普通人，特别注意海外的民生，也就是海

右图：
金镶宝帽顶。[31] 帽顶上名贵的金玉珠宝，反映了明代亲王的奢华生活。梁庄王墓出土器物种类繁多，共计 5100 余件，其中金、银、玉器有 1400 余件，珠饰宝石则多达 3400 余件。结合上图的金锭，我们可以推知此墓出土的金玉珠宝也有来自西洋的。一墓随葬如此大量的金银珠宝，为下西洋的目的是去取宝做了一个最好的注脚。

外人们的生存环境。如果以第一个原因来说明，并不完全合乎情理，因为汪大渊在海上生活也同样需要粮食蔬菜等给养，那么余下来的一个，才是更接近真实的原因。这里涉及一个重要问题，一般认为郑和下西洋是为明朝统治者满足奢侈品需要而进行的航海活动，实际上，古代远距离贸易无例外的都是奢侈品贸易，而这里我们还不应该忽略一个事实，即进行航海活动的并不是统治者本身，走出国门打开眼界的大都是普通明朝人，马欢应不是一个孤立的例子，如费信《星槎胜览》的记述中，也把关注点放在"货用"上。正是因为有像马欢、费信这样的明朝普通人，我们今天才得以见到下西洋交易圈内海外各国的一份完整的物产清单。虽然这些海外物产不可能都与郑和使团发生直接关系，但是这些海外各国物产的重要信息，对于日后民间海外贸易的开拓发展是极为重要的信息资源，却是毋庸置疑的。

纵观下西洋海外交易实例，海外物产进入交流的主要有以下品种：

犀角、象牙、伽蓝香、金子、宝石、红马厮肯的石、苏木、降真香、绵布、乳酪、胡椒、野犀牛、珊瑚、锡、珍珠、香货、西洋布、花巾、海鱼、宝石与珍珠厢宝带、丝嵌手巾、织金方帕、龙涎香、椰子、乳香、血竭、芦荟、没药、安息香、苏合油、木鳖子、骆驼、猫睛石、各色雅姑、金珀、蔷薇露、狮子、麒麟、花福鹿、金钱豹、驼鸡、白鸠、金银生活、熟食、彩帛、书籍、金厢宝带、蛇角、荜布、姜黄布、布罗、布纱、沙塌儿、兜罗锦、绢、刺石、祖把碧，祖母喇，金刚钻、金珀珠、神珀、蜡珀、黑珀（番名撒白值）、美玉器皿、水晶器皿、十样锦剪绒花毯、各色绫幅、撒哈剌、氁罗、氁纱。

以上总共是 70 种。显然，这里都是亚非交流圈的特殊产品，构成了当时海上贸易的主要内容。重要的是，以往我们忽略的还有金银。

根据马欢记述的下西洋海外交易实例中，明代中国物产进入交流的主要有以下品种：中国青磁盘碗、纻丝、绫绢、麝香、花绢、铜钱、布帛、色绢、烧珠、樟脑，锦绮等。其中，以青花瓷器、丝绸、麝香、铜钱最为重要，除了麝香以外，其他都是中国特有的人工制造产品，深受海外各国人民的喜爱。[32]

这里有一个阿拉伯史料的例证。伊本·泰格齐·拜尔迪《埃及和开罗国王中的耀眼星辰》中，有一条重要史料，可与郑和第七次下西洋的分遣船队活动相对应：(伊历)835 年"这一年 10 月 22 日，从光荣的麦加传来消息说：有几艘从中国前往印度海岸的祖努克(Zunūk)，其中两艘在亚丁靠岸，由于也门社会状况混乱，未来得及将船上瓷器、丝绸和麝香等货物全部售出。统管这两艘赞基耶尼(al-Zankiyayini) 船的总船长遂分别致函麦加艾米尔、谢利夫——拜莱卡特·本·哈桑·本·阿吉兰和吉达市长萨德丁·伊布拉欣·本·麦莱，请求允许他们前往吉达。于是两人写信向素丹禀报，并以此事可大获其利说服打动他。素丹复信允许他们前来吉达，并指示要好好款待他们"。 据披露史料的盖双先生考，(伊历)835 年 10 月 22 日已进入 1432 年。[33] 这条史料直接谈到了瓷器、丝绸和麝香这些中国在吉达进行贸易的货物名称，并谈到前往亚丁的两艘船是中国前往印度海岸的几艘船中的一部分。由此可知，郑和船队的贸易船只在到达印度海岸以后分头进行贸易活动的情形。

　　2. 精神文明层面：传播与交汇

　　马欢《瀛涯胜览》中记述了亲身所至的 20 个亚洲国家的政教情况。下面列表说明，以便试析下西洋的人文环境。[34]

国名	信息
占城	国王崇信释教
爪哇	国有三等人，一等回回人，是西番各国商人流落此地；一等唐人，多有归从回回教门；一等土人，崇信鬼教
旧港	人之衣饮、语言等与爪哇国同
暹罗	国王崇信释教
满剌加	国王、国人皆依回回教门
哑鲁	国王、国人皆是回回人
苏门答剌	风俗、言语与满剌加同
那孤儿	言语、行用与苏门答剌同
黎代	言语、行用与苏门答剌同
南浡里	皆是回回人
锡兰	国王崇信佛教
小葛兰	国王、国人崇佛信教
柯枝	国王崇奉佛教，国人一等南毗，与王同类，二等回回人
古里	国王崇信释教，大头目掌管国事，俱是回回人，国人皆奉回回教门
溜山	国王、头目、民庶皆是回回人
祖法儿	国王、国民皆回回教门人
阿丹	皆奉回回教门
榜葛剌	举国皆是回回人
忽鲁谟斯	国王、国人皆是回回教门
天方	回回祖师始于此国阐扬教法，国人悉遵教规

　　跟随郑和下西洋的马欢，在《瀛涯胜览》中记述的是他所亲自抵达的诸国宗教信仰

情况，由于他身为通事，了解应该是比较全面的。值得注意的是，记述所访问的 20 个国家中，绝大部分属于穆斯林国家，16 个国家是由穆斯林掌控，或占有重要地位，如即使是国王信奉佛教的古里国，其大头目掌管国事的也"俱回回人"。只有 4 个国家占城、暹罗、锡兰、小葛兰是信奉佛教的国家，印度文明影响至深，没有回回人的记载。然而我们知道，蒲寿庚的家族正是来自占城，阿拉伯人早已有因经商而定居那里的情况；因此，当时几乎遍布西洋的"回回现象"，是一个不容忽视的重要国际社会现象。归纳起来，马欢所至 20 个国家中明显可见三种类型：一是举国信奉一种宗教，包括国王、国人；二是国王信奉一种宗教，国人信奉另一种宗教；三是一个国家中有多种宗教并存。

概言之，郑和下西洋所到之处的人文环境，主要可分为两大类：一类是伊斯兰文明，另一类是印度文明。而实际上，通过人群的密切交往与迁徙移居，这一地区诸国存在多元文明的交汇和融合现象。最好的历史见证是郑和在锡兰国（今斯里兰卡）迄今传世的汉文、波斯文和泰米尔文三种文字的碑文，对来往于印度洋上的阿拉伯、波斯、印度各民族的友好之情跃然其上。锡兰国人崇信佛教，而碑文中有一种是波斯文，其内容是对阿拉伯人与伊斯兰教的圣人的赞扬。[35] 立碑时为永乐七年（1409 年），是第二次下西洋期间。费信于永乐八年（1410 年）到锡兰山时见此碑，曾记曰："永乐七年，皇上命正使太监郑和等赍捧诏敕、金银供器、彩妆、织金宝幡布施于寺，及建石碑"。[36]

至于马欢没有亲自前往的非洲国家和地区，费信《星槎胜览》中提到了竹步国、木骨都束国、卜剌哇国，但遗憾的是他并没有述及人文环境信息，而只是记述了地产狮子、驼鸡、龙涎香、金珀、乳香、金钱豹、马哈兽，花福禄、豹、鹿、犀牛、没药、象牙、骆驼等物产情况。[37]

根据杨人缏先生研究，7 世纪时，阿拉伯人就来到非洲东海岸开港。东非"各商业城市的统治长官均由阿拉伯人或波斯人担任，至 16 世纪西方殖民者入侵以前，沿海各商业城镇一直处于穆斯林独立自治的局面"。"在阿拉伯人所控制的印度洋贸易网中"，当时的"东非诸港，交易活跃，吞吐可观"。[38] 说明东非城邦贸易十分活跃，它东面印度洋，西靠内陆的广大腹地，自古以来就在印度洋贸易中扮演重要角色，与埃及、阿拉伯、波斯、印度、马六甲、缅甸、中国和印尼有着频繁的商业往来。值得注意的是，东非各城邦出口项目中，象牙和黄金占有重要地位。联系到梁庄王墓的金锭就是下西洋"买到"的，也许就是来自于东非。

在这里有必要特别提出从第四次下西洋开始，每次必到的忽鲁谟斯。郑和七次下西洋中有三次（第四、第五、第七次）访问了忽鲁谟斯，而且还从那里派遣分队赴红海和东非。[39] 而下西洋到达忽鲁谟斯的意义非比寻常，除了那里是东西方贸易的集散地以外，更重要的是，那里是陆路和海路的交汇地。这还要从明太祖时派遣傅安使团出使撒马尔罕说起。明初年对外联系极其频繁，中西交通大开，与郑和自海路七下西洋交相辉映的，是傅安、陈诚等从陆路出使西域。海陆并举，堪称中西交通史上的盛事。关于傅安的出使帖木儿帝国，发生在洪武二十八年（1395），傅安被帖木儿羁留，曾游历帖木儿帝国："由小安西至讨落思，安又西至乙思不罕，又南至失剌思，还至黑鲁诸诚，周行万数千余里"。[40] 历时 6 年之久的游历虽是被迫的，但明朝使团却因此远游到达了今天伊朗的大不里士（讨落思），伊斯法罕（乙思不罕），设拉子（失剌思）以及今天阿富汗的赫拉特（黑鲁，即哈烈）等地，成为明朝从陆路向西方行程最远的使团。[41] 傅安直至永乐五年（1407）六月，被羁留十三年才回到中国。这里需要说明的是，郑和首次下西洋时，傅安还没有回来，因此，当时的陆路丝绸之路是不通的，所以下西洋的目的也就是从海路通西域。至永乐十一年（1413），郑和第四次统领舟师下西洋，前往忽鲁谟斯等国。在郑和遗留的两通重要碑刻《娄东刘家港天妃宫石刻通番事迹记碑》和长乐《天妃灵应之记碑》中，也都是将忽鲁谟斯置于西域的。《天妃灵应之记碑》云："永乐十五年，统领舟师往西域，其忽鲁谟斯国进狮子、金钱豹、大西马"。[42]《娄东刘家港天妃宫石刻通番事迹记碑》中除了与上碑相同的一段文字外，还有一段不见于上碑的文字："和等自永乐初奉使诸番，今经七次。每次统领官兵数万人，海船百余艘，自太仓开洋，由占城国、暹罗国、爪哇国、柯枝国、古里国抵于忽鲁谟斯等三十余国，涉沧溟十万余里"。[43] 笔者曾著文考证"西洋"这一名词，注意到忽鲁谟斯冠以西域之地，而在七下西洋以后，也称为西洋的史实。[44] 忽鲁谟斯经历了从西域到西洋的认识过程，这说明了什么？下西洋时期郑和等明朝人的这种西域观提示我们，郑和从海路前往忽鲁谟斯，正是给古代丝绸之路划了一个圆。丝绸之路从陆到海，至此得以全面贯通。进一步联系到当时忽鲁谟斯是由波斯王室成员统治，而郑和的先祖正是来自于波斯化的中亚，岂不是更加意味深长。

从古代中西交往通路——丝绸之路的角度来看，伴随着郑和下西洋与亚非各国、各民族大规模交往，促成了 15 世纪初丝绸之路的振兴，并形成了这样一些特点：

第一、丝绸之路的振兴，是一个超民族、国家和跨地域性的活动，这一振兴活动以印度洋地区为核心，影响到南亚、东南亚、西亚、东非等地，并辐射到北非乃至欧洲。凡丝绸之路的沿线国家，无论是伊斯兰国家，佛教国家，还是本土文明与外来文明相互融合的多元文明国家，都不同程度地卷入到活动之中。丝路振兴涉及的地域之广、民族之多，对各国经济、文化产生的影响，在历史上是空前的。下西洋近 30 年之久的航海活动，促成了丝绸之路极大的振兴，并对交往范围内的文明交融起着推波助澜的作用，于此可见。

第二、海上活动呈现出多中心的特点。振兴活动规模大、范围广阔，却不只是一个中心，而是有多个中心。这些中心都是航线上重要的海港，由货物集散地到繁盛的国际贸易中心，也即文明的交汇处，这是其共同点。下西洋每次必到之地印度古里，在马欢《瀛涯胜览》中称"古里国乃西洋大国也"。后又重复曰"西洋大国正此地也"。[45] 负有为宫廷采办之重任的郑和，到达古里（今印度喀拉拉的卡里卡特，又译为科泽科德）的时期，马拉巴尔海岸正处于扎莫林（Zamorin）王的统治之下。早在 8 世纪的车腊王国时期，卡里卡特作为泰米尔地区一部分已是当时最繁盛的海港。12 世纪王国分裂，扎莫林王朝是一个于 13 世纪建立的王朝。"在 14–15 世纪末，1498 年瓦斯科·达·伽马访问扎莫林王以前，它曾是国际贸易最杰出的中心，东西方的汇合点，在那里的街上，从中国和东南亚来的商人比从阿比西尼亚和欧洲来的商人要熙熙攘攘"。[46] 古里成为当时马拉巴尔海岸最富庶和兴盛的国家。这也就是为什么郑和七下西洋必到古里的缘故。而满剌加是一个在下西洋中兴起的国际贸易集散地，也即文明中心，是更为典型的一例。由于这方面笔者曾有论述，故在此不赘述。[47]

第三、丝绸之路上活动的主要领导者是各国的统治阶层，丝路的兴盛是各国人民互动的结果。交往中既有由各国官方组织或推动的自上而下的指令，也有民间自下而上的群众性活动，虽然两者目的与组织形式等不同，但官方与民间的活动相辅而行，其结果是共同推动着整个丝绸之路的繁荣，友好关系与公平贸易，为此后的民间海外贸易和移民奠定了良好基础。

第四、文明的交流是以人群的迁徙、文明的互动为前提。自 7 世纪以来，阿拉伯人一直是海上的执牛耳者，以往有不少学者注意到番商或番客的东来。[48]进一步考察，元代的多民族、异文化融合达到一个高峰，给中国带来新的文化契机，民族大迁徙引发异文化的大融合，到明代呈现出一种更深层的交融。从外到内，又从内向外的"回回现象"，是时代的一个显见的特征。这不仅表现在明朝开国功臣中有一批回回人，如常遇春、胡大海、沐英、蓝玉等，也表现在郑和下西洋，中国人以史无前例的规模走向海洋，促使丝绸之路极大地繁盛。民族融合造就了气势恢宏的唐王朝，民族融合也成就了超越汉唐的明王朝海上事业，将中国推向了古代世界航海的巅峰，完成了古代陆海丝绸之路的全面贯通。

三、结语

文明的本质就在于交往与融合。自古以来，在中西交往中产生的人群的迁徙、民族的融合，是异文化融汇的历史契机。中国历史上外来民族与本土民族的大融合，在魏晋到唐是一大高潮期，从元到明是又一大高潮期。人群的迁徙是文化移植和融合的前提与基础，正是民族迁徙与融合引发了异文化融合或者说文明交融的高潮。就此而言，下西洋既是一个文明交融的过程，也是一个文明交融的结果。

丝绸之路，是中西交往的通道，是流动的文明之路。从张骞凿空西域，到郑和下西洋，其间经历了 1500 多年，中国人向西的寻求始终没有中断过，史无前例的大规模走向海洋，促成了享誉世界的古代丝绸之路的陆海全面贯通，下西洋为沟通亚非文明的联系和进一步交融，做出了卓越贡献。正如法国历史学家布罗代尔在述及各种世界文明时说所："事实上，这些典型事例尤其说明了交往的至关重要性。没有一种文明可以毫不流动地存续下来：所有文明都通过贸易和外来者的激励作用得到了丰富"。[49]

（发表于廖建裕等主编:《郑和与亚非世界》马六甲博物馆、国际郑和学会出版，2012 年）

注 释

[1] 《明太宗实录》卷四三，永乐三年六月己卯。台北中研院史语所校勘影印本，1962年，以下《实录》同。

[2] [日] 桑原骘藏著，陈裕菁译《蒲寿庚考》，中华书局，1954年，第149页。

[3] 《明太宗实录》卷116，永乐九年六月戊午。

[4] 袁树五《昆阳马哈只碑跋》附录，《郑和研究资料选编》，人民交通出版社，1985年，第30页。

[5] 史仲彬《致身录》注，康熙刻本。

[6] 李士厚《郑和家谱考释》，正中书局，1937年；《郑氏家谱首序及赛典赤家谱新证》，《中南民族学院学报》1985年第2期。

[7] 邱树森《郑和先世与郑和》，《南京大学学报》1984年第4期。

[8] 叶向高《苍霞草》卷八《咸阳家乘叙》，万历刻本。

[9] 周绍泉《郑和与赛典赤·瞻思丁关系献疑》，《郑和研究论文集》第一辑，大连海运学院出版社，1993年。

[10] 杨兆钧主编《云南回族史》，云南民族出版社，1989年，第2页。

[11] 王建平《露露集：略谈伊斯兰教与中国的关系》，宁夏人民出版社，2007年，第31页。

[12] 《明史》卷一五一《李至刚传》，中华书局，1974年，第4182页。

[13] 袁忠彻《古今识鉴》卷八《国朝》，嘉靖刻本。

[14] 参见拙文《明代诏令文书研究——以洪武朝为中心的初步考察》，《明史研究论丛》第八辑，紫禁城出版社，2001年。

[15] 《古今识鉴》卷八《国朝》。

[16] 《明太祖实录》卷一六一，洪武十七年夏四月癸未。

[17] 《明太祖实录》卷一六三，洪武十七年秋七月戊戌。

[18] 《明太祖实录》卷二〇〇，洪武二十三年三月庚午。

[19] 《明太祖实录》卷二二四，二二八，二三三

[20] 《皇明祖训·内官》，张卤辑《皇明制书》下册，日本古典研究会，1967年，第14页。

[21] 《皇明祖训·内令》，《皇明制书》下册，第13页。

[22] 《明太宗实录》卷二一，永乐元年六月乙亥。

[23] 《明太宗实录》卷三二，永乐二年六月乙丑。

[24] 沈德符《万历野获编》，《补遗》卷一《内监·内官定制》。

[25] 《明仁宗实录》卷一上，永乐二十二年八月丁巳。

[26] 绘于明洪武二十二年（公元1389年），长3.86米，宽4.75米，彩绘绢本，现藏中国历史第一档案馆。

[27] 各国物产均见于马欢《瀛涯胜览》各国条，参见马欢著，拙注《明钞本〈瀛涯胜览〉校注》，海洋出版社，2005年

[28] 《明钞本〈瀛涯胜览〉校注》第20页。

[29] 参见（元）汪大渊著，苏继庼校释《岛夷志略校释》各国条，中华书局1981年；又拙文《知识视野中的郑和下西洋》对《岛夷志略》与《瀛涯胜览》的记述进行了比较，见《中华文史论丛》2006年第1期。

[30] 上引图文见白芳《郑和时代的瑰宝 明梁庄王墓文物展》，《收藏家》2005年第10期。

[31] 图见白芳《郑和时代的瑰宝 明梁庄王墓文物展》，《收藏家》2005年第10期。

[32] 见《明钞本瀛涯胜览校注》各国条。

[33] 盖双《关于郑和船队的一段重要史料——披览阿拉伯古籍札记之二》，《回族研究》2007年第2期。

[34] 资料来源：《明钞本瀛涯胜览校注》各国条。

[35]　[日] 寺田隆信著、庄景辉译《郑和——
　　　联结中国与伊斯兰世界的航海家》，海
　　　洋出版社，19，第 64–65 页。

[36]　费信著、冯诚钧校注《星槎胜览》前集，
　　　中华书局，1954 年，第 29–30 页。

[37]　《星槎胜览》后集，第 20–21、24 页。

[38]　杨人楩《非洲通史简编——从远古至
　　　一九一八年》1985 年，108 页。

[39]　关于忽鲁谟斯，可参考最新的研究成果：
　　　[德] 廉亚明、葡萄鬼著、姚继德译《元
　　　明文献中的忽鲁谟斯》，宁夏人民出版社，
　　　2008 年。

[40]　万斯同《明史纪传》卷五三《傅安传》，
　　　清抄本。

[41]　关于傅安出使事迹，参见拙文《傅安出
　　　使与明初中西陆路交通的畅达》，《明
　　　史研究》第 2 辑，1992 年。

[42]　《郑和史迹文物选》，人民交通出版社，
　　　1985 年，第 23 页。

[43]　《郑和史迹文物选》，第 54 页。

[44]　参见拙文《释"西洋"——郑和下西洋
　　　深远影响的探析》，《南洋问题研究》
　　　2004 年第 4 期。

[45]　《明钞本瀛涯胜览校注》第 63 页。

[46]　M.G.S.Narayanan:Calicut:the city of
　　　Truth Revisited,Calicut:Calicut Univercity
　　　Press,2006,p.17.

[47]　参见拙文《郑和与满剌加——一个世界文
　　　明互动中心的和平崛起》，[马来西亚]《华
　　　人研究学刊》第 8 辑（纪念郑和下西洋
　　　600 周年专号）2007 年。

[48]　杨怀中《番客入华与郑和西使》，《郑
　　　和与文明对话》，宁夏人民出版社，
　　　2006 年；郑永常《从番客到唐人：中国
　　　远洋外商（618–1433）身分之转化》，
　　　台北《中国海洋发展史论文集》第十集，
　　　2008 年。

[49]　[法] 费尔南·布罗代尔著肖昶等译《文
　　　明史纲》，广西师范大学出版社 2003 年
　　　版，第 30 页。

神秘的甘薯传播史

张　箭

> 甘薯属旋花科，一年生或多年生草本块根植物，学名 Ipomoea batatas L.，英语名 Sweet potato。通称红薯、白薯、番薯，又叫朱薯、地瓜、红苕等。甘薯的块根作粮食时既可熟食又可生吃，还可以作饲料、制糖和制酒精等，其茎蔓叶也可做饲料，是比较重要的粮食和多用途作物。

一

　　甘薯的起源比较神秘。其栽培种起源于中南美洲虽已无疑问，但具体的起源地点和驯化栽培时间仍在不断探讨和研究中。在中美洲，甘薯至少在 5000 年前就被印第安人驯化栽培了[1]。在南美洲，20 世纪 60 年代末从秘鲁智尔卡峡谷的洞穴里发掘出的甘薯块根遗物经测定已有上万年的历史[2]，同时还在秘鲁和墨西哥搜集到甘薯属近缘野生种。不过，还难以确定那些遗物是采集的野生薯还是收获的栽培薯。人们于是假定甘薯的起源中心在墨西哥的尤卡坦半岛和委内瑞拉的奥里诺科河河口之间。这一带也是甘薯各品种的原生中心。甘薯的栽培种在这片地区最早驯化培育形成，由当地印第安人于 4500 年前传播到加勒比地区和南美洲。在秘鲁—厄瓜多尔一带发现的甘薯野生种具有的分子生物多样性表明，这一带是甘薯各品种的次生中心[3]。到近哥伦布时代，亚马孙河流域和奥里诺科河流域热带雨林的印第安阿兹特克人、哥伦比亚波哥大（城）河谷地区的奇布查人、马雅人等许多印第安部族都广泛种植甘薯[4]。

　　1492 年哥伦布首次美洲探险就结识了甘薯。他在 1492 年 12 月 13 日的日记中写道，他们来到海地岛一个有 1000 来户 3000 多口人的大村落。村民们"送来了他们叫尼亚姆（НЬЯМ）的面包食物，系用像大萝卜般的块根做成。他们在所有这片土地上栽种的都是这种甜薯，是印度（印第安）人赖以生存的主要食物，他们用以做尼亚姆面包的那种块根可用水煮熟也可用火烤熟，味道像栗子。所有的吃了这块根的人都只能说像栗子"[5]。哥伦布同年 12 月 16 日的日记还说明当时印第安人栽培甘薯的方法已与今日基本一样主要为插条。他们"地里种的是一种薯类（Axe），它（植株）上面长有许多小枝杈。（地）底下长出像萝卜那样的块根。……收获后，他们把植株上的枝杈又拿到另一处去种（又长出同样的植株和小枝杈），（地）底下又长出四五个这样的块根"[6]。返航时探险队便带了一些甘薯在路上吃[7]，回国后便挑出一点献给西班牙女王（王后）。1526 年甘薯被西班牙人从西印度群岛引入西班牙[8]，从那里传入欧洲各国。甘薯在欧洲的传播和普及比较缓慢。它在一段时期内与土豆一样受到误解，被认为含有催欲素[9]。这种情况表明，为了寻找新药，对新作物感兴趣的首先是欧洲的医药学家和植物学家。17 世纪甘薯在西班牙扩大了种植面积，但在欧洲由于饮食习惯和地理条件，甘薯始终不如马铃薯那么普及。

16 世纪往返于美洲和非洲的贩奴船以甘薯作为奴隶的粮食。甘薯由此传入西非沿海并逐渐普及到非洲各地[10]。并由大西洋传入印度洋传入印度。16 世纪上半叶的西班牙人把甘薯带到南洋—马来群岛，首先是菲律宾的马尼拉和印度尼西亚的摩鹿加，再由这片群岛传入亚洲大陆各国[11]

二

甘薯在大洋洲的传播史十分神秘。1769 年，英国航海家库克船长、随行植物学家布恩克斯和索兰德尔（Bunks and Solander）在玻利尼西亚群岛的塔希提岛 (Tahiti) 发现当地土著居民栽种吃食甘薯（the sweet potato）（也栽种食用香蕉、薯芋、芋头，采集食用椰子、西谷椰子、面包树）。甘薯无疑起源于美洲，但它在任何欧洲人造访（包括最早的麦哲伦横渡太平洋）前很久已明确地来到了塔希提，它也被确凿地带入了新西兰，而此前也没有欧洲人到过那里[12]。在那一带的库克群岛上发现的甘薯（块根）古遗物经放射性碳测年可追溯到公元 1000 年，人们认为甘薯传到玻利尼西亚群岛中部可能在公元 700 年[13]。并猜测很可能是玻利尼西亚人航行到南美带回了甘薯，又把它传播到夏威夷和新西兰[14]。因为玻利尼西亚人的航海传统和水平都比南美印第安人悠久和高超得多。甘薯作为从南美洲返航的筏子上的储粮之一传入了大洋洲。这种筏子现代曾由一个叫孔提基——崴斯（Kontiki-Wise）的西方人驾乘从南美向西漂流渡过了东太平洋到达了大洋洲的玻利尼西亚等群岛[15]。这就为库克和哥伦布等以前甘薯已分布于太平洋各群岛提供了唯一的说得过去的解释。

甘薯在日本的传播比较曲折。尽管欧人中的葡萄牙人早在 1542 年就首次抵达日本种子岛，但甘薯并未由西人从西方（欧洲、美洲、非洲、大洋洲等）传入。而是于 17 世纪伊始由中国大陆传入琉球（当时为独立国家，今为日本冲绳地区）。1615 年由英国人理查德·考克斯把甘薯传入日本本土。他在 1615 年 6 月 4 日的日记里写道：今天我们把"这种薯类移植到了长崎地区"[16]。这是关于甘薯传入日本内地的首次文献记载。到 17 世纪下半叶，日本文献《清良记》、1697 年成书的《农业全书》也有了关于甘薯的记载。到 1731 年（享保十六年），石见国大森地区的代官井户正明在一个云游僧的建议下，为了备荒，将获得的 100 斤甘薯予以栽培[17]。这是山阴地区（靠日本海地区）首次栽培甘薯。与此同时，在关东地区有个叫青木昆阳的人向幕府进言引种甘薯以备荒。于是，1735 年(享保二十年)，他们从萨摩地区（鹿儿岛）得到一些甘薯并种植在江户（东京）一带的小石川养生所(今为植物园)，后又移植到下总国千叶郡马加村和上总国山边郡不动堂村，逐渐在关东地区和全日本普及开来[18]。所以在日文中，甘薯又写成萨摩薯、唐薯、琉球薯等，皆寓意它的来源地[19]。

三

甘薯在中国的传播也充满神秘。它大致经海陆两路约 16 世纪七八十年代传入中国。

[7]cf.W.D.Philips Jr.,C.R. Philips: The Worlds of Christopher Columbus, Cambridge 1992 ,P.266.

[8]cf.John Mclollum: Sweet Potato, Encyclopedia of Americana, Chicago 1980s,Vol.26,P.124.

[9] cf.E.E.Rich,C.H.Wilson ed.: The Cambridge Economic History of Europe, Cambridge 1980, Vol.4,P.286.

[10][11] 见星川清亲：《栽培植物的の起原と伝播》，二宫书店 1987 年增补版，第 117 页。

[12]cf.W.T.Stearn:A royal society appointment with venus in 1769:the voyage of Cook and Bunks in the endeavor in 1768—71 and its botanical results, 原载 Notes and Records of the Royal Society of London, 24,No.1(1969),PP.64—75—90, 收入 T.Bullantyne eds: Science, Empire and European exploration of the Pacific, Ashgate/Variorum,2004,P.104.

[13][14]cf.Sweet potato, From Wikipedia ,the free encyclopedia, "Origin, distribution and diversity" ,2012.06.

[15]cf.W.T.Stearn:A royal society appointment with venus in 1769:the voyage of Cook and Bunks in the endeavor in 1768—71 and its botanical results, 载 Notes and Records of the Royal Society of London, 24,No.1(1969),PP.64—75—90.

[16][17][18]《世界大百科事典》，平凡社 1983 年版，第 12 册，第 276—277 页,さつまいも，户刘次義文。

[19] 见《日本大百科事典》，小学馆 1982 年版，第 615—616 页，サツマイモ，星川清親文。

[20] 万历《云南通志》卷二七《物产·蔬属》。

[21] 谢国桢编:《明代社会经济史料选编》(上)，福建人民出版社 1980 年版，第 40 页。

[22][明] 何乔远：《闽书》卷一五〇《南产志·番薯》。

[23][明] 徐光启：《农政全书》卷二七《树艺·蓏部》。

[24][明] 何乔远：《闽书》卷一五〇《南产志·番薯》。

[25][明] 徐光启：《农政全书》卷二七《树艺·蓏部》。

[26] 章楷：《番薯的引进和传播》，《农史研究》第 2 辑 (1982 年)。

[27] 陈弘谋：《劝民领种甘薯谕》，《培远堂偶存稿》。转引自郭声波：《四川农业历史地理》，四川人民出版社 1993 年版，第 171 页。

[28][29]《广群芳谱》卷一六《蔬谱》四。

[30][31]《农政全书》卷二七《树艺·蓏部·甘薯》。

[32]《本草纲目拾遗》卷八《诸蔬部·甘薯》。

[33]《救荒简易书》卷一，《续修四库全书》第 976 册。

[34]《红薯在中国的种植情况说明》，http://www.dianfenw.com/show—9.html，2012.06。

宋元时期海上丝绸之路上的泉州外销瓷

陈丽华

中国古陶瓷器通过陆上丝绸之路和海上丝绸之路销往海外持续的时间之长，范围之广，影响之大，是其他商品所不及的。宋元时期是中国海外交通蓬勃发展的时期，也是泉州港承上启下、迅速崛起并成为世界最大贸易港口的黄金时期。泉州海外贸易的兴盛，刺激了本地区陶瓷行业的迅猛发展，德化窑、磁灶窑、同安窑等名窑辈出，闻名中外，在中国陶瓷发展史上，尤其是在中国陶瓷外销史上，占有重要的地位。

一

泉州陶瓷文化历史悠久，新石器时代已出现印纹陶。而最新的考古调查显示，西周时期泉州先民就掌握了在印纹陶施釉烧制原始青瓷，是我国原始青瓷最早诞生地之一。[1]

两晋以来，大批中原汉人南下，带来了先进的文化和生产技术，泉州区域社会逐渐发展。据《续高僧传》记载，南朝陈永定二年（558）、天嘉六年（565），印度僧人拘那罗陀（中文名真谛）两度从泉州港（时称梁安港）搭乘"大舶"欲往棱加修国（今马来半岛）[2]，这是史书上有关泉州港海外交通的第一次明确记载。此时，泉州一些地方开始烧造青瓷，1978年在晋江磁灶溪口山发现一处南朝窑址，规模较大，出土的盘口壶、盘、钵、罐、瓮、灯座等器物，与当地南朝墓出土的瓷器相似。[3]

唐五代，泉州的陶瓷生产进一步发展，在晋江、南安、惠安、同安、德化等地发现的这一时期的窑址有20多处，以晋江磁灶窑、德化墓林窑最为突出，在墓葬中亦屡有出土。"安史之乱"导致陆上丝绸之路受阻，北方社会经济遭到严重破坏，南方成为国家的经济中心，"海上丝绸之路"勃兴，成为中外经济文化交流的主要途径。此时作为新兴的对外贸易港口，泉州港呈现出南海番舶常至、岛夷斯杂，"船到城添外国人"[4]的繁忙景况。成书于唐会昌六年（846），由阿拉伯人伊本·胡尔达兹比赫撰写的《道里邦国志》，把泉州（汉久）和交州（鲁金）、广州（汉府）、扬州（刚突）列为晚唐时的四大名港。[5]在闽国时期（907－945年），王审知及其继承者为稳固政权，积极建设港口，致力发展海外贸易，"招徕海中蛮夷商贾"，与高丽、日本、东南亚诸国贸易往来，用异国的奇珍异宝向中原朝廷称臣纳贡。[6]为了管理海外贸易，泉州还设置专职机构"榷利院"，并设"海路都指挥使"官员维护航道安全事务。[7]

值得一提的是，公元10世纪先后掌管泉州的三位地方统治者都积极推行闽王倡导的对外贸易政策，为促进宋元时期泉州港的全面发展做出了重大贡献。王延彬（886－930年）任泉州刺史时力倡航运，"凡三十年，仍岁丰稔，每发蛮舶，无失坠者，人因谓之招宝侍郎。"[8] 留从效（906 – 962 年）统治泉州 16 年，积极鼓励商人"陶瓷铜铁，远泛（贩）于番国，取金贝而返，民甚称便。"[9] 这是有关泉州陶瓷外销最早的史料记载。而他在扩建城市时，"旁植刺桐环绕"[10] 之举，无意中为泉州以"刺桐港"闻名于中世纪投下了伏笔，成为文人墨客和西方游历家们笔下的美诗美文。陈洪进（914 – 985 年）统治泉州 16 年，为了偏安一隅，他除了继续扩大城市和港口的建设规模外，还年年不间断地向宋廷进奉各种舶来品，其次数之多，品类之繁，数量之巨，达到惊人的程度。不难看出，当时泉州港海外贸易的繁荣和当地农业、手工业的发展程度，唯有如此，方能使陈洪进的巨额上贡成为可能。

太平兴国三年（978），陈洪进采纳幕僚刘昌言之计，上表献所管泉（州）、漳（州）二州 14 县[12]，正式归入北宋的版图。从此泉州迎来长达 400 年之久的海外交通大发展的时代，除丝织品外，泉州陶瓷成为海外贸易中的大宗商品，远销到中世纪海上丝绸之路沿线各国。

二

入宋之后，泉州地区[13] 的商品经济更加活跃，海外贸易蒸蒸日上，大大刺激了当地的陶瓷生产和外销。自北宋以来，经营外销陶瓷器是一项能获得高利润的买卖，商人们曾因此不惜以瓷器囤积巨奇，时人朱彧云："富者乘时畜缯、帛、陶货，加其直，与求债者计息，何啻倍蓰。"又云："船舶深阔各数十丈，商人分占贮货，人得数尺许，下以贮物，夜卧其上。货多陶器，大小相套，无少隙地。"[14] 说明北宋以来陶瓷不仅仅是贸易商品，还是主要的海船压舱货物。

北宋初期，泉州港已是福建沿海最有影响力的港口，泉州海商作为福建商人的杰出代表，不仅在国内贸易上涉足广南、两浙、山东等沿海地区，而且航渡高丽、日本以及广大的东南亚地区，甚至远达印度洋、波斯湾等地区。在泉州设市舶司之前，泉州商人甚至超越明州并一度几乎垄断了对高丽的交通航线。[15] 泉州海商把陶瓷器、丝织品等贩运到海外各国交易后，再把海外的各种香料药物、奇珍异宝运回泉州。当泉州港成为"有蓄舶之饶，杂货山积"[16] 的繁华海港的同时，也给北宋政府带来实实在在的巨额财政收入，甚至广州市舶司的岁入也有赖泉州海商的海外贸易。朝廷最终认识到泉州港的重要地位，继广州、明州之后，于元祐二年（1087）把福建路市舶司机构设立在泉州。

迨至南宋，都城南迁临安，泉州历史上首次离政治中心如此之近，而朝廷财政又多倚赖海外贸易，泉州无疑获得了更多的发展契机。绍兴末年，泉州的海外贸易额已与广州并驾齐驱，当时，两浙、荆、淮、湖甚至内地四川的商人也多从泉州港出海，泛往海外。[17] 外国商人更是舳舻相衔，蜂拥而至。宁宗开禧（1205 – 1207 年）之前，大食（阿拉伯）、波斯、三佛齐、占城、高丽等 30 多个国家和地区的商船，经常到泉州贸易。[18] 到嘉定（1208 – 1224 年）后期，与泉州发生贸易关系的国家和地区增加到 58 个。[19] 人们不禁赞叹，"泉南地大民众，为七闽一都会，加以蛮夷慕义航海日至，富商大贾宝货聚焉。"[20] 整个南宋时期，泉州的海外贸易基本保持着繁荣。然而，伴随海外贸易发展的是钱币的严重外流，为此朝廷在嘉定十二年（1219），规定不用金银铜钱，而以丝织品和陶瓷器等同海外诸国博易[21]，此举进一步调动了泉州陶瓷业的发展和商人外销陶瓷的信心。据南宋宝庆年间担任泉州市舶司提举的赵汝适所撰著的《诸蕃志》（1225年成书）记载，当时从泉州港输出的瓷器包括青瓷、白瓷、青白瓷等以及陶质粗瓷，在58个与泉州往来的国家和地区中，有一半以上交易泉州外销瓷，销售范围包括亚洲和东非的许多国家和地区。可见，南宋泉州外销瓷生产相当发达。一位南宋末年来到泉州港的意大利犹太商人雅各·德安科纳，在见闻手稿中，一再谈及泉州的优质瓷器。他说这里的瓷器"像玻璃酒壶一样精致。这些是世界上最精美的瓷器，……这种货物将会让我发财的"，而且只要用200个格罗特就可购买600个精美的碗。当雅各带着大量的泉州瓷器等时尚物品离开刺桐返航后，在海外赚取了大笔的财富。[22]

元代统治者更加重视泉州的海外贸易，至元十四年（1277）率先在泉州设立市舶司，泉州港扶摇直上超过了广州，成为国内首屈一指的市舶大港。元人吴澄云："泉，七闽之都会也。番货远物，异宝奇玩之所渊薮，殊方别域富商巨贾之所窟宅，号为天下最。"[23]庄弥邵则以"梯航万国"、"东南巨镇"[24]描述泉州的盛况和地位。据汪大渊《岛夷志略》记载，元代与泉州有商贸关系的海外国家和地区将近百个。[25]在这里值得一提的是，被誉为中世纪西方四大旅行家的马可·波罗、鄂多立克、马黎诺里、伊本·白图泰都来过泉州，在他们的游记中见证了元代刺桐港（泉州）的繁华，盛赞它是世界上最大的港口之一，同时也见证了泉州制瓷业的发达。意大利人马可·波罗夸赞德化瓷器价廉物美，"大批制成品在城中出售，一个威尼斯银币可以买到八个瓷杯"，[26]他从德化买回的瓷器，有的尚存于威尼斯的圣马可陈列室。摩洛哥人伊本·白图泰也说："中国瓷器只在刺桐和隋尼克兰城（指广州）制造……瓷器价格在中国，如陶器在我国一样或更为价廉。这种瓷器运销到印度等地区，直至我国马格里布。这是瓷器种类中最美好的。"[27]

元代泉州制瓷业进入蓬勃发展的时期，大批窑口兴建，产品数量激增，输出的陶瓷品种包括青白瓷、青瓷及埕、瓮等陶制品，销售到亚非50多个国家和地区，外销范围比南宋时更广，外销数量更大，陶瓷类型更多。宋元时期从各个港口输出的外销瓷无以计数，虽然，从文献和考古出土资料表明，当时一些著名窑口的产品如龙泉窑青瓷、景德镇青白瓷，也大量经由泉州港外销到海外，但由于交通不便、路途遥远，在数量上与泉州本地产品必然天壤之别。

宋元时期，陶瓷与丝绸是同等重要的外销商品，因此有学者又把"海上丝绸之路"称为"海上陶瓷之路"。

三

据考古调查，泉州地区发现的宋元窑址共有74处，著名窑口有德化盖德窑、屈斗宫窑，同安汀溪窑，泉州东门窑，晋江磁灶窑，安溪桂瑶窑和南安东田窑等。从窑址采集和发掘的标本看，器型主要有碗、瓶、盒、壶、杯、洗、盏、军持以及各种雕塑品。不唯种类繁多，造型优美，且釉色丰富，有青釉、青白釉、白釉、黑釉、绿釉、黄釉等。

瓷器装饰有卷草、莲瓣、折枝花、云龙、飞凤和几何图案，均美观雅致。今天，从海上
丝绸之路沿线国家和地区遗址出土以及水下考古发现的结果看，泉州地区是宋元时期主
要的外销瓷生产中心。以几个具有代表性的窑口外销瓷为例。

1. 晋江磁灶窑

　　磁灶窑是地处泉州晋江下游，舟楫可直达晋江，入泉州湾而泛洋。自南朝始烧陶瓷，
迄今一千多年来，这里的陶瓷烧制延续不断，现有可提供系统研究泉州地区瓷器产地兴
起、发展、变化的最理想的窑址群。目前已发现的唐五代窑址有 7 处，宋元窑址 12 处。
磁灶窑址主要分布在蜘蛛山、土尾庵、童子山等，其中以蜘蛛山窑址生产的产品最为丰
富。宋元时期的磁灶窑除生产绿釉双龙壶（即军持）、褐色釉长颈军持，施各种色釉的
碟、盘、瓶、罐等，还烧造一些釉下彩绘粗瓷和低温铅釉陶器如埕、缸、瓮等，产品大
多外销。

　　磁灶窑外销陶瓷尤以日本和菲律宾发现最多。日本各地大量发现宋代磁灶窑的产品，
据《日本出土的中国陶瓷特别展览》一书介绍：福冈市西区田岛经冢、福冈市筑柴郡太
宰府町五条遗址、长野县饭田市米中村经冢等地，出土有磁灶童子山一号窑生产的黄釉
铁绘纹盘。日本熊本县也出土过磁灶土尾庵窑的绿釉瓶。此外，磁灶蜘蛛山窑烧制的绿
釉划花器，还有在绿釉上点黄釉斑的器物（即彩釉器），在日本也发现不少。已故日本
东洋陶瓷学会会长三上次男教授 1981 年 4 月在泉州海外交通史博物馆举行的学术交流座
谈会上指出：“晋江土尾庵窑的绿釉瓷器，在日本到处都有，特别是日本的横滨；晋江
童子山窑的彩绘陶盆，九州发现很多完整的，京都也有。”[28] 在日本的福冈、长野等地
出土过黄釉铁绘花纹大盘。这种大盘釉色青黄，画酱黑色纹，过去日本学者在没有参照
物的情况下，把它叫做“绘高丽”，认为是高丽出产的。但其器型、釉色和彩绘颜色花纹、
烧制方法等与晋江磁灶童子山窑址出土的标本极为相似，黄釉下铁绘花纹盆无疑是该窑
场的产品。[29] 磁灶窑生产的各种军持、盘、碗、碟、砚滴等，在菲律宾、印度尼西亚、
马来西亚、新加坡也都有发现。史志云：“磁器出晋江磁灶乡，取地土开窑，烧大小钵子、缸、
瓮之属，甚饶足，并过洋。”[30]《岛夷志略》所列的陶制品，如埕、瓮、坛、罐、垒之类，
多出自磁灶窑生产。由于大小水埕、瓮、罐等属于粗器，价格极其低廉，适合东南亚人
民的日用之需，因此，很受欢迎。

　　磁灶窑生产的陶瓮和军持一样富有地方特色，在东南亚地区颇有影响。据考古研究，
磁灶窑生产的“龙瓮”在为爪哇、渤泥及菲律宾的部落首领所珍存，且代代相传，被视
为神秘的法宝。[31] 韩槐准在实地调查后也指出，陶瓮、瓷瓮在东南亚个别地方与当地的
社会风俗有奇特的关联，“在婆罗洲一地各种民族，其习俗极重视我国之陶瓮及瓷瓮，
其家中之财富，皆视其所藏之陶瓮、瓷瓮之多少以为衡。其最大之需要，乃应用于埋葬，
以为妆奁，倘被土人鉴赏家认某一陶瓷瓮属古代遗留之物，以为神圣目之。”[32] 磁灶窑
生产的陶器无疑在元代也是泉州对外贸易中重要的商品之一，大多输往东南亚，在外销
陶瓷中占有一定的比重。

2. 同安窑系青瓷

同安窑，又称汀溪窑，是宋元泉州生产外销瓷的又一主要产地，一度是福建仿龙泉青瓷的代表。其产品胎质灰白或灰暗色，釉色以青黄釉为主，其次是青釉、青白、灰白或青灰釉。同安窑生产的一种器内饰划花、篦点纹，器外刻划条纹，施淡暗黄褐色釉，底足露胎的青瓷碗，宋代大量远销日本、菲律宾等地，日本学者称之"珠光碗"或"珠光青瓷"，是因为日本"茶汤之祖"高僧珠光很喜欢用这类碗喝茶之缘故。[33]

南宋时期是同安窑的鼎盛时期，其最大消费国是日本。在镰仓时代的许多遗址中陆续发现输到日本的中国瓷器残片，除龙泉窑外，大量的就是同安青瓷，因此有学者提出当时"福建同安窑青瓷成了外销陶瓷中新的时代霸主"。[34] 而在同时代的唐津山麓遗址中，同安青瓷出土最多。出土器型多碗、盘之类，虽是碎片，但篦划纹还看得很清楚。其也在太宰府附近、福冈海底以及福山草户庄等地的镰仓时代遗址里，也都大量出土过一种淡褐黄釉、划花间以篦点纹的青瓷。[35] 在日本民间及寺院不仅有许多传世青瓷收藏品，就是近现代时期在日本国内考古工地上，也有大量同安窑系的产品发现。九州的福冈在修地下铁路时，出土的中国陶瓷片有 10 万片之多，其中有同安窑系划花篦纹青瓷等。[36] 据统计，在日本全国有 2607 个遗址出土有 12 世纪龙泉窑系、同安窑系的青瓷，13 世纪达到了颠峰。[37] 这些充分说明，同安窑系青瓷在镰仓时代即我国南宋时期曾大量运销到日本。

关于篦划纹青瓷，1956 年，陈万里先生在闽南一带进行古窑址调查时，首次发现并确认同安窑即珠光青瓷的产地。福建省绝大多数县市都发现有宋元时期烧制青瓷的窑址，它们主要出产以篦纹刻划花为装饰特征的碗、盘、碟等器物，其中以碗为大宗，由于对这类青瓷窑址及其产品的研究，最早是自同安汀溪窑的考古调查开始的，因此在国内外有关陶瓷著述中，多使用"同安窑系青瓷"或"同安窑系青瓷"来代表或概括这类青瓷窑址及产品。[38] 同安邻县安溪窑、南安窑的青瓷划纹碗与同安窑相似。经泉州湾后渚港南宋沉船出土物以及国外遗址的考古资料印证，同安窑系瓷多是通过泉州港出口的。

3. 德化窑

泉州地区发现的宋元窑址共有 74 处，德化独占 42 处，在该地区同时期的窑址中首屈一指。

德化瓷器外销海外始于北宋，宋元时期销售市场以东南亚、东北亚为主，在菲律宾、印度尼西亚、马来西亚、新加坡、日本等国都发现大量德化瓷器，与考古发掘的碗坪仑窑、家春岭窑和屈斗宫窑址出土的器物一模一样，主要产品种类有军持、盒、瓶、小瓶、小口瓶、飞凤碗、莲瓣碗、墩仔式碗、盖壶、罐形壶、钵、弦纹碗、高足杯等。近年来从"南海一号"沉船出水的瓷器大部分以德化窑的产品为主。

据新加坡学者研究，中世纪的东南亚人"等待中国船舶到来，交换中国船舶所运载来的丝织品、瓷器、铁锅等货物。他们交换的瓷器，随需要的不同而异。唯大多是大盘、大小盌、酒海、小罂、水瓶及储水用的陶瓮、缸等，尤以大盘最被重视。因为东南亚宴会时，没有椅桌，用大盘盛黄姜饭放在地上的席中，看盘的大小，来定食客的多少，四人或八人，席地围坐，以手撮团饭而食。不过这种大盘，多数在头人手中，平民宴会时借用，宴后归还，所以在东南亚各国出土的瓷器，以大盘小碗居多。"[39] 为适应当时东南亚人以大碗大盘作为主要餐具的要求，泉州一带的不少窑口便设计出各类超大型碗、盘，德化碗坪仑窑生产的大型海碗，口径多在 25—30 厘米之间，有的甚至超过 30 厘米，大型盘的口径也在 25 厘米以上，为国内各窑所罕见。

宋元德化外销瓷生产规模之大，数量之多，成为此一时期东南沿海外销瓷生产的重要基地之一，不只是大碗、大盘，许多器形器物都是专为海外市场的不同需求而设计的。例如德化碗坪仑窑和屈斗宫窑等生产大量精美的陈设瓷外销，陈设瓷是一种高雅的装饰品，一般是供富贵人家使用，市场价位较好，器型以瓶类为主，以及作为包装装饰用的瓷盒。宋代外销的印花瓷盒有大有小，用途不尽相同，早期的市场主要在东南亚菲律宾的马尼拉、印尼的爪哇等，当地人把瓷盒有的用于盛装香料，有的装置妇女化妆用品如敷脸用的粉、画眉用的黛、抹唇用的朱玉等。到南宋中后期至元初，青白瓷盒的外销区域不断扩大，德化窑工根据不同的用途，设计出大盒、中盒、小盒、子母盒（大盒之中带 3 个小盒）等多种多样。在款式上，则有圆式、八角式、瓜棱式等多种，盒盖上的纹饰非常丰富，达 100 多种。[40] 在日本平安时代后期到镰仓时代的经冢中，出土了大量德化碗坪仑窑系宋代的瓷盒。长崎县、佐贺县、爱媛县、德岛县、山口县、大阪府、京都市、和歌山县、静岗县、长野县、神奈川县、崎玉县等地经冢都有发现，分布很广，可见当时在日本瓷盒是一种畅销商品。与白瓷盒子同时出土的还有白瓷小壶、小盖壶、小盘、香炉、小皿、碗、白瓷轮花小皿、四耳壶、梅花瓶、水注、涡纹瓶、白瓷唐草纹瓶、白瓷莲唐草纹瓶，这些白瓷产品有的带青白色（影青），[41] 其釉色和造型与德化窑宋元时代的极其相似。在日本中部还出土了德化盖德窑青白釉印花大盒子、青白瓷狮子、青白瓷小瓶；其他地方也出土有青白瓷的人物塑像、小壶、青白瓷百合花口瓶以及青瓷莲池鱼藻纹碟等。[42]

除日用瓷和陈设瓷之外，大量外销的还有宗教用器，特别是军持。军持原是印度佛教僧侣所用的器物，南宋以后，使用范围扩大到伊斯兰教的信众中，在东南亚一带有很大的需求量。宋元德化、磁灶诸窑专门设计生产这种特殊的器物。与磁灶窑军持不同，德化窑生产的军持，通常以莲瓣、蟠龙（螭龙）、芭蕉、水波（云气）等等为纹饰，这些纹饰都是根据东南亚人的喜好而定的，明显带有浓郁的宗教色彩。在众多的德化外销瓷中，体现了外来文化因素与中国传统艺术文化紧密结合，它们是中外经济文化交流的象征。

除上述 3 处代表性窑口外，宋元时期泉州东门窑、南安窑、安溪窑、永春窑等生产的陶瓷器也大量外销海外各国。总之，这一时期的泉州陶瓷绝大多数是为外销而烧制的，它们不仅满足、丰富了海外民众的日常需求，也影响了国外的制陶技术。如今，在中世纪海上丝绸之路沿线国家和地区的地上、水下频频发现，这与泉州在宋元时期作为东方大港的背景是相吻合的。

注　释

[1] 陈建中、陈丽华、陈丽芳:《中国德化瓷史》,第 4 页,上海交通大学出版社,2011 年。

[2]《全唐诗》,第九函二册,第 1431 页。

[3] 陈鹏:《福建晋江磁灶古窑址》,载《考古》1982 年第 5 期。

[4] 释道宣:《续高僧传》卷 1,《拘那罗陀传》。

[5] 伊本·胡尔达兹比赫著,宋岘译注:《道里邦国志》第 71 — 72 页,中华书局,1991 年。

[6] 吴任臣:《十国春秋》卷 96,《王倓传》,第 1385 页。《恩赐琅琊郡王德政碑》,引自《十国春秋》卷 90,第 1304 — 1306 页。

[7] 在开元寺出土的南唐保大四年(946 年)佛顶尊胜陀罗尼经幢,落款署名有"军事左押衙充海路都指挥使兼御史大夫陈匡俊,榷利院使刘拯"。详见林宗鸿:《泉州开元寺发现五代石经幢等重要文物》,《泉州文史》第 9 期(1986 年)。

[8]《泉州府志》卷 75,《王延彬传》。

[9]《清源留氏族谱》卷 3,《宋太师鄂国公传》,厦门大学图书馆抄本。

[10]（明）黄仲昭:《八闽通志》卷 80,《古迹》。

[11]《宋会要辑稿》蕃夷七之六、蕃夷七之七、蕃夷七之八、蕃夷七之九,中华书局 1957 年影印本。

[12]《宋史》卷 4。

[13] 宋元时期,泉州管辖范围包括今天的晋江、石狮、南安、安溪、永春、德化、惠安、同安、厦门等市县。

[14]（北宋）朱彧:《萍洲可谈》卷 2。

[15] 详见苏轼:《论高丽进奉状》、《乞令高丽僧从泉州归国状》、《宋史》以及《高丽史》等文献。

[16]《宋史》卷 330,《杜纯传》。

[17]（南宋）吴自牧:《梦粱录》卷 12,《江海船舰》。林光朝:《直宝谟阁轮对札子》,见《历代名臣奏议》卷 349,《夷狄》,台湾学生书局 1985 年版。

[18]（南宋）赵彦卫:《云麓漫抄》卷 5,《福建市舶司常到诸国舶船》。

[19]（南宋）赵汝适:《诸蕃志》卷上。

[20]（南宋）周必大:《文忠集》卷 109,《赐陈弥作辞免差遣知泉州恩命不允许》。

[21]《宋史》卷 185,中华书局 1977 年版,第 4538 页。

[22]（意）雅各·德安科纳著　（英）大卫·塞尔本编译:The City of Light ,（中）杨民 等译:《光明之城》203 — 204、246、369 页,上海人民出版社,1999 年。

[23]（元）吴澄:《吴文正公集》卷 28,《送姜曼卿赴泉州路录事序》。

[24]（乾隆）《泉州府志》卷 16,《元庄弥邵罗城外壕记》。

[25]（元）汪大渊:《岛夷志略》。

[26] 梁生智译:《马可·波罗游记》,中国文史出版社 1998 年,第 218 — 219 页。

[27] 马金鹏译:《伊本·白图泰游记》,宁夏人民出版社 1985 年,第 545 — 546 页。

[28] 何振良　林德民:《中国古代名瓷鉴赏大系——磁灶窑瓷》,福建美术出版社,2002 年。

[29] 叶文程　林忠干:《福建陶瓷》,福建人民出版社,1993 年。

[30]（乾隆）《晋江县志》卷 1,《舆地志 >。

[31] 沙善德著、吴乃聪译:《福建——中国考古之新富源》,《福建文化》第 27 期。

[32] 韩槐准:《中国古陶瓷在婆罗洲》,《南洋学报》第 11 卷第 2 辑。

[33] 李辉柄:《福建同安窑调查纪略》,《文物》1974 年第 11 期。

[34] 池崎让二　森本朝子:《跨越大海的陶瓷器》,平凡社《复活的中世》。

[35] 林忠干等:《闽北宋元瓷器的生产与外销》,海交史研究 1987 年第二期。

[36] 叶文程　林忠干:《福建陶瓷》第 313 页,福建人民出版社,1993 年

[37] 刘兰华:《宋代陶瓷与对日贸易》,《中国古陶瓷研究》第 5 辑。

[38] 傅宋良　林元平:《中国古陶瓷标本——福建汀溪窑》,岭南美术出版社,2002 年。

[39]（新加坡）邱新民:《东南亚文化交通史》,第 198 页,新加坡亚洲研究学会·文学书屋,1984 年。

[40] 福建省博物馆编:《德化窑》,文物出版社,1990 年。

[41] 见东京国立博物馆 1975 年编《日本出土的中国古陶瓷特别展览》。

[42] 坂井隆夫:《贸易古陶瓷概要》,京都书院,1989 年 9 月。

后　记

　　作为一个有着几千年农耕文明历史的民族，我们也拥有古老而悠久的海洋记忆。"梯山航海"是文明间交流必须跨越的地理障碍。中华文明在一个相对封闭的地理单元中发展，但我们与其他国家、其他民族、其他文明的交流和交往却不绝如缕。这不仅使中华文明的许多元素传播到世界各地，为世界文明发展做出了杰出贡献，同时也使我们得到了异域文化的滋养。从物种到技术，从语言到制度，文明因交流而多彩，文明因互鉴而丰富。这种交流与互鉴，养成了我们"海纳百川，有容乃大"的民族性格。在五千年的历史变迁中，我们既有一脉相承的独特的精神标识，也在交流中学习、消化、融合、创新，不断地与时俱进，塑造着我们富有生命力的世界观、人生观、价值观。

　　远在新石器时代，我们的沿海先民就开始用简单的航海工具，不断开辟着海上的航路。在汉代，徐闻、合浦远致异域珍奇，与陆路"丝绸之路"相呼应，大大地拓展了我们的地理空间视野。两晋隋唐，海上帆影相望，跨海求经的中国僧侣，东来贸迁的波斯、阿拉伯商人，远至非洲、欧洲等世界各国，都通过茫茫大海上的航线，到达了彼此的祖国。宋元时期，广州、泉州、明州已成为国际化港口城市，海上贸易空前兴盛，这条"海上丝绸之路"，因其运送着陶瓷、丝绸、茶叶、贵金属、香料等物品，又被称为"陶瓷之路"、"茶叶之路"、"白银之路"、"香料之路"。它不仅仅是一条商贸之路，同时也是文化交流、艺术传播、思想交融的和平之路。

　　鉴古而知今，回顾我们的先民与世界各国人民跨越海洋、万里相通的历史，不仅使我们对世界文明的进程有更深刻了解，同时也对我们汲取古代智慧，思考在全球一体化时代各个国家和民族如何和平共处，也不乏借鉴意义。《直挂云帆济沧海——海上丝绸之路特展》是由国家文物局、北京市、福建省人民政府主办，汇集了沿海地区九个省（区、市）51 家博物馆的数百件珍品。这些珍贵的文物，是海上丝绸之路丰富悠久历史遗留的吉光片羽，是最直观、最真实的历史文化证据。通过举办这次展览，能使我们真切地了解古代文化贸易交流的意义。为此，我们特将展览中涉及的文物汇集成图录，并邀请国内若干海上丝绸之路研究领域的知名专家提供了有关文章，使我们对这一展览有更深入的了解。同时，也使这一具有历史与现实双重意义的展览能够"永不落幕"，继续传播下去。

2013 年 10 月 3 日，国家主席习近平在印度尼西亚国会的演讲中提出了共同建设 21 世纪"海上丝绸之路"战略构想。国家文物局积极部署海上丝路展览，多次协调进京办展事宜，作为一项文化大事。所以，举办这样一个展览，既是我们文物工作者自觉围绕中心、服务大局的一个举措，也是我们文博界弘扬中华民族优秀传统文化的职责所在。

本次展览是在福建博物院主办、沿海各地 50 家博物馆共同筹办的"丝路帆远——海上丝绸之路文物精品七省联展"基础上，由首都博物馆和福建博物院共同合作重新策划实施的。他们协调联络、陈列设计、学术研讨，留下许多感人的故事。在此向对本次展览做出巨大贡献的各省、各博物馆表示感谢，特别是对首都博物馆、福建博物院等参加联展的同仁们表示衷心的谢忱！

编 者

图书策划：葛承雍

责任编辑：李　睿

责任印制：张道奇

装帧设计：雅昌设计中心·北京 田之友

图书在版编目（ＣＩＰ）数据

海上丝绸之路 / 国家文物局编. ―― 北京：文物出
版社，2014.6（2015.5重印）

ISBN 978-7-5010-4031-5

Ⅰ.①海… Ⅱ.①国… Ⅲ.①海上运输－丝绸之路－
研究 Ⅳ.①K203

中国版本图书馆CIP数据核字 (2014) 第136827号

海上丝绸之路

编　　者 国家文物局

出版发行 文物出版社

社　　址 北京东直门内北小街2号楼

邮　　编 100007

网　　址 http://www.wenwu.com

邮　　箱 web@wenwu.com

印　　刷 文物出版社印刷厂

开　　本 635×965毫米　1/16

印　　张 19.75

版　　次 2014年6月第1版

印　　次 2015年5月第2次印刷

书　　号 ISBN 978-7-5010-4031-5

定　　价 350.00元